集美红色记忆

★ 1921—1949 ★

中共厦门市集美区委办公室　编著

厦门大学出版社
XIAMEN UNIVERSITY PRESS
国家一级出版社
全国百佳图书出版单位

图书在版编目(CIP)数据

集美红色记忆:1921—1949/中共厦门市集美区委办公室编著.—
厦门:厦门大学出版社,2018.12
ISBN 978-7-5615-7290-0

Ⅰ.①集…　Ⅱ.①中…　Ⅲ.①革命烈士—生平事迹—厦门—
1921—1949　Ⅳ.①K820.857.3

中国版本图书馆 CIP 数据核字(2018)第 299594 号

出 版 人	郑文礼
责任编辑	韩轲轲
美术编辑	张雨秋
技术编辑	朱　楷

出版发行	厦门大学出版社
社　　址	厦门市软件园二期望海路 39 号
邮政编码	361008
总 编 办	0592-2182177　0592-2181406(传真)
营销中心	0592-2184458　0592-2181365
网　　址	http://www.xmupress.com
邮　　箱	xmup@xmupress.com
印　　刷	厦门集大印刷厂

开本	889 mm×1 194 mm　1/32
印张	8
字数	136 千字
版次	2018 年 12 月第 1 版
印次	2018 年 12 月第 1 次印刷
定价	68.00 元

厦门大学出版社
微信二维码

厦门大学出版社
微博二维码

目　录

绪　论

第一章　建党前后和国民革命时期

第二章　土地革命战争时期

第三章　全面抗战时期

第四章　解放战争时期

附　录

绪　论

第 一 节

集美区的社会历史变迁

集美区原属同安县辖，地貌由同安湾、杏林湾、马銮湾三个海湾和集美、杏林两个半岛构成，东南面与厦门岛一水之隔，东北方隔大帽山与同安区相连，南与原属海澄县的海沧区隔海相望，西南部灌口镇与海沧区毗邻，西北后溪镇与同安区新民镇相连，具有丰富的人文资源和深厚的文化积淀。

集美街道是集美区的核心地域，原系天马山余脉蜿蜒而下所形成的半岛，由于地处陆地的末尾，被当地村民称为"浔尾"。后由明朝天启年间考中进士，曾任江苏吴县知县的集美陈氏十世孙陈文瑞雅称为"集美"，意思就是集天下美之大成。

1958 年 11 月，厦门大学人类博物馆考古人员在灌口镇深青村临石寨发现新石器时代晚期的原始人遗存，发掘出土了石锛、彩陶等先民留下的文物。从发现的石锛以及彩陶和印纹片分析，这些先民遗存与金门的富国敦文化相似，应是远古的闽人。

1987 年，考古人员在灌口镇上塘村林尾、李林村虎空山，田头村西南一带发现距今约 3000 年前青铜时代的

夹砂黑陶片、红陶片和泥质印纹硬陶片,这些陶片经过拼
接、黏合,复原了罐、釜、盆、甑等生活器皿。20 世纪 90
年代,考古学家在灌口一带再次发现大批先秦遗存。
2004 年 7 月,当地文史专家又在深青村临石寨发现许多
新石器时代遗物,首次发现了双面刃石,还发现青铜时代
的夹砂黑陶片和泥质印纹陶片,都有横竖纹路和简单的
图案。

　　随着历史慢慢地演进,集美的先民一步步走向文明
社会。唐高宗总章二年(669 年),陈政、陈元光率河南光
州府兵三千余人南下经略漳州,沿途在集美驻扎。集美
连通了泉州、同安至漳州交通要道,且背山面海,易于垦
殖,于是人烟逐渐滋长,形成了一个个村落。唐玄宗开元
二十四年(736 年),"开漳圣王"陈元光的堂侄陈忠与陈
忠之子陈邕同时被谪,父子俩入闽后先居兴化枫亭,后迁
漳州南厢山。唐德宗建中二年(781 年),陈忠长孙陈夷
则率家族开发集美和厦门岛,集美地区也出现陈氏聚落,
颍川陈氏始在集美立足。

　　唐宣宗李忱登基之前,为了躲避宫廷内部倾轧,云游
入闽,来到后溪镇苏营村时,汲取当地井水酿酒烹茗,后
人将这口井称作皇帝井。847 年,唐宣宗即位后,怀念当
年在集美一带山林漂泊的经历,下旨筑造陂堤引苎溪水
灌溉农田数百顷。

　　唐僖宗中和五年(885 年),王潮、王审邽、王审知三
兄弟率领义军入闽,次年夺取泉州。897 年,王审知占据

福建全境,909 年,后梁王朝册封王审知为闽王。此后,王氏子孙在集美后溪、灌口繁衍起来。

唐朝末年,河南固始人陈煜随王绪义军南下入闽,定居同安。五代时,陈煜之子陈基迁居同安县仁德里浔尾村,是为集美陈氏一世祖。自古以来,集美半岛的村民且渔且耕。

自北宋开始,陆续有众多宗族迁入集美地区拓荒生息。其中陈氏迁入马銮、碑头;王氏迁居后尾、岑尾;李氏迁入兑山;萧氏迁入石兜;蔡氏迁入西边;张氏迁入坂桥。随着人口繁衍,朝廷对集美治理更加健全完善,集美长期隶属泉州府同安县。

宋朝时期,后溪镇碗窑村盛产青瓷和白瓷,窑址遍及整座山冈,此处所产的瓷器,经苎溪水路进入杏林湾,循海路远销南洋,开启了厦门与东南亚海上贸易之始。

宋朝时期,灌口村落集聚,农耕经济发达,瑶山溪流经的卡仔塘(今风景湖)留有宋代水利工程的遗存,这是目前厦门唯一一座古代水利工程。随着碗窑村制瓷业的鼎盛,苎溪流经地域的农业和手工业也相当发达,交通设施也有新的突破,始建于宋徽宗大观年间(1107—1110年)的苎溪桥,是厦门地区现存最古老的石板桥。

朝廷推崇儒学,教化百姓。宋高宗绍兴二十一年(1151 年),理学大师朱熹授官泉州府同安县主簿,多次到灌口开坛讲学,开启了集美儒学教化之源。他还在西滨蔡林社题了八首即景诗句,赞颂了厦门西海域沿岸的秀丽景观。

绍兴二十三年（1153年），在朱熹的主持下，修建了漳泉驿道同安段的驿道，在集美一带筑路架桥。后在灌口镇李林村鱼孚社设置驿站。

有宋一代，集美文风日盛，高浦石氏有多人考取进士，遂有"海滨邹鲁"的美誉。

元朝时期，朝廷为了有效治理广袤的疆域，在国内普遍设置交通驿站，在灌口镇顶许村设置鱼孚驿，后又在深青村移建深青驿，沿东北方向经大同驿，上接泉州清源站，沿西南方向，经江东驿直往漳州，深青驿成为漳泉驿道上重要的中转站。

驿站宋始元兴，驿道的畅通，促进了深青古镇的繁荣，激活了当地经济的发展。现存的深青驿楼古地建于明朝洪武年间（1368—1398年），左凭水月潭，右依茂林庵，背护昔日繁华喧闹的驿口街，面对着建造于明朝正德年间（1506—1521年）的深青石桥。

元朝时期，北方人民为逃避战乱，纷纷南下定居集美，其中杨氏迁入后溪西溪，黄氏迁入后溪仑上，汪氏迁入后溪英村，王氏迁入后溪珩山。

扼守杏林湾和马銮湾的高浦村古称鹤浦城，向来有"宫庙百座，口灶万户"的美誉。南宋末年，高氏从晋江安海迁入高浦。元明之际，陆续有郑氏、陈氏、王氏、石氏诸族迁徙于此，高浦成为人烟稠密、市井繁华的集镇。

明太祖洪武二十年（1387年），朝廷鉴于高浦为军事要地,始建高浦巡检司城,设置九品巡检一员,司吏一员,领兵士 100 名。洪武二十三年(1390 年),永宁卫中右所的 1000 多名官兵移戍高浦,江夏侯周德兴将原巡检司城扩建为千户所城。第二年,城池扩充为周长 452 丈,高仍为一丈七尺,城基则扩宽为一丈,设 4 座城门,窝铺 16 间,每门俱砌有月城。有操海屯田军 1258 名,营房 1028 间。明成祖永乐十五年(1417 年)时,都指挥使石祥又将高浦千户所的城墙增高三尺,高达二丈。明英宗正统八年(1443 年),又增筑了敌楼。至此,高浦城粗具规模,形成一定的防御功能。

正统十四年(1449 年),高浦军民击退倭寇和海盗船 200 多艘的进犯。在这次战斗中,有百余名义士殉难,于是城中建有“百义祠”,奉祀亡灵。另有马銮村乡绅周彝训组织乡民与倭寇苦战,他和他的儿子周怀炯同时殉难。人们怀念周氏父子的英雄事迹,将他们合葬在马銮湾海上小岛屿仔尾,并建祠纪念,即今日有应宫。

明世宗嘉靖年间,抗倭名将戚继光在高浦创办“戚公院”,训练军事人才。嘉靖四十四年(1565 年),倭寇再次进攻高浦,被傅应嘉(南安人)指挥的兵民据城击退。

由于倭寇屡犯集美,不少民众避难于灌口西部的群山层峦,相传双岭村的嘉福寨、东辉村大峡谷的古山寨,系避难的民众所建造。

明朝初年,林氏迁入锦园;正统年间,曾氏迁入曾营;弘治年间,苏氏迁入深青;嘉靖年间,张姓迁入高浦。后溪一带得到充分开放，为了加强治理，明英宗正统九年（1444年），朝廷设苎溪巡检司。

明朝天启、崇祯年间，有位来自四川灌县（今都江堰市）的军官到集美担任深青驿丞，他从家乡携带来的镌刻有奉祀李冰父子的"李府清元真君"的香炉，被乡民请到凤山供奉起来，筑起一座小庙，取名凤山庙，该庙的香火日渐兴旺，又因为这里是交通要道，定居人口渐渐增多，遂成为一大集镇，借四川灌县之名，称为灌口镇。

清朝初年，以郑成功、张煌言为首的东南沿海反清武装仍拥有雄厚的实力，他们先后拥戴南明政权的鲁王和桂王，在厦门周边与清军展开拉锯战，双方互有攻守。

清世祖顺治九年（南明永历六年，1652年）正月，郑成功率领南明军队包围福建长泰。三月，福建总督陈锦亲率数万清军由同安县城向西主攻，另派一部清军由汀州向南出击，同时广东清军由潮州向东出击，广东水师由海上向北截断南明军队后路，试图分兵四路围歼郑成功部队。郑成功各派一部兵力阻击北、西、南三面清军，自己则率领主力在龙溪县江东驿迎战陈锦率领的清军主力。郑军以逸待劳，在江东桥取得伏击战的胜利。陈锦率少量残兵退往同安，不料在灌口被自己的奴仆杀死，其首级被献给郑成功。清朝长泰守将杨青寡不敌众，连夜弃城逃跑，南明军队攻克长泰，巩固了以厦门为核心的南明抗清根据地。

顺治十七年（南明永历十四年，1660年），郑成功部将刘国轩驻扎集美,筑建营寨,今仅存石寨门及两侧石墙。寨门高 3.08 米、宽 1.68 米、厚 0.65 米,寨门后东北侧有两块岩石,石旁有一尊旧铁炮。20 世纪 30 年代,陈嘉庚请人在岩石上勒刻隶书"延平故垒"4 个字,以示缅怀与尊崇。

顺治十八年(1661 年),清廷为了阻隔沿海居民与郑氏武装的联系,决定实行大规模的强制沿海居民内迁三十里的"迁界禁海"政策,集美半岛、杏林湾畔的居民悉数内迁。由于迁界政策,沿海居民被迫迁徙灌口凤山庙周边和后溪城内,朝廷为了加强地方治安管理,设置灌口巡检司,灌口、后溪两镇人口大增。

郑成功部队据守厦门岛时,赶工修建高崎营寨,为了省时省料,遂将一水之隔的高浦城的石材拆卸,通过船运至高崎。高浦古城开始遭到毁坏。

郑成功为了冲破"迁界禁海"的封锁,建立反清复明基地,于 1661 年率水师从厦门、金门两岛东渡出海,第二年驱逐荷兰殖民者,收复宝岛台湾。

郑成功收复台湾时,随从军士将凤山庙香火传至台湾。雍正、乾隆年间,灌口銮井派之陈氏大批迁徙台湾繁衍,现今台湾各地奉祀灌口凤山庙香火的庙宇多达 160 多座。东南亚一些国家也有灌口凤山庙的分炉。因此,灌口凤山庙被台湾同胞和海外华人称作"凤山祖庙"。

康熙元年(1662 年),福建总督李率泰、同安总兵施琅率部驻军距海 30 里的仁德里十三都,与据守厦门岛的郑氏武装对峙。因军事需要,李率泰、施琅负责督造城池,命名为"城内",又称"霞城"。该城有 4 座城门,每座城门内都有一座庙宇。尤其在南门"临海门"内建造的霞海城隍庙驰名海内外。

康熙二年(1663 年),清军攻陷高浦,入城烧杀掳掠,高浦城被拆毁殆尽。

康熙十八年(1679 年)后,清廷下令复界,后溪霞城更趋繁盛,商贾云集。清宣宗道光元年(1821 年),移民奉请城隍爷金身渡台,后溪城隍庙就成为台北霞海城隍庙的祖庙,后在台湾其他地方设有分炉。

雍正九年(1731 年),灌口巡检司升设为五品守备的灌口讯都司。

乾隆十一年(1746 年),同安知县张荃善在灌口设立凤山书院。

明清时期,集美地区均为同安县辖,其中集美、侨英一带属从顺里,后溪一带属仁德里,灌口、杏林、杏滨一带属安仁里。

1957 年,集美从同安县划归厦门市,与厦门岛内禾山乡合置厦门市郊区。1987 年,郊区析出禾山乡并改名集美区,辖集美、灌口、海沧、后溪、东孚五镇和坂头农场。

1996 年,海沧镇和东孚镇划归杏林区。2003 年 4 月,杏林区更名海沧区,原杏林区杏林街道和杏林镇划归集美区。2001 年 4 月,集美镇改制集美街道;后溪镇析四个居委会和两个村置侨英街道。2004 年 11 月,杏林镇改制杏滨街道。2005 年 11 月,坂头农场辖地划入后溪镇。

　　集美区现辖集美、杏林、侨英、杏滨四个街道和灌口、后溪两个镇,面积275.8 平方千米,包括原同安县仁德、安仁、积善3里及海澄县3都。至 2017 年 2 月,集美区常住人口达 65.6 万人,外来人口大约 30 万人。

第　二　节

近代前期集美人民反封建斗争

1842 年 8 月 29 日,清政府因鸦片战争战败,被迫与英国签订中国近代史上第一个不平等条约——中英《南京条约》。根据条约,厦门被辟为通商口岸。

此后,西方列强以厦门为据点,加紧对闽南地区的控制和掠夺。伴随着大批外国工业商品的大量涌入,闽南城乡农业和手工业遭受严重的摧残,农村自给自足的自然经济逐渐解体,社会内部发生急剧变化。清朝统治者和地主恶霸对农民的剥削更加沉重,许多贫苦农民被迫变卖田产,大量土地集中到地主手中,加上连年水旱灾害,粮食歉收,百姓无以为生,阶级矛盾十分尖锐,因此掀起了农民运动的高潮。

1851 年春,太平天国起义在广西爆发,很快就蔓延大半个中国,闽南人民深受影响,分布在厦门、龙溪、海澄一带的民间反清秘密组织小刀会很快行动起来,首先在集美灌口发动起义。

早在 1850 年 6 月,厦门殿前的新加坡华侨陈庆真与集美灌口的暹罗(今泰国)华侨王泉一起返回家乡建立小刀会组织,广泛吸收会员,开展反对清政府封建专制统治的斗争。

小刀会的建立和发展,使清朝当局大为震惊,驻守厦门的兴泉永海防兵备道道台张熙宁派兵捕杀了小刀会首领陈庆真、王泉及会众数十人。

1853年年初,海澄县归侨江源和胞弟江发,在海澄县重新建立小刀会组织,许多贫苦农民和破产的手工业者纷纷参加,仅仅几天,就发展到近万名成员。角美镇锦宅村(今属龙海)的印尼归侨黄宝斋之子黄得美和当地商贩黄位也先后加入。正当他们准备发动武装起义的时候,因消息走漏,海澄知县汪世清派兵缉捕了江源、江发,这两人随之被杀害。

江源、江发遇难后,江源嫂与黄得美、黄位秘密聚会,决定通知各地如期举事。5月12日,小刀会在灌口镇顶许村刘心庵誓师起义,推举黄位为大元帅,黄得美为大统领,江源嫂为监军,洪甲为军师,集合8000多人,编为12个大队,定于5月13日起事。

这一天,小刀会誓师后,兵分两路出发,人人红布包头,旗帜上大书"反清复明""官逼民反"。起义军当天就占领了灌口镇。然后,迅速攻占了海澄县城。起义军擒获了清军游击崇安。江源嫂将他押到江源灵前活祭,并作祭文,发誓要与清军血战到底!

5月14日夜,起义军占领石码镇(今龙海市区),17日攻克漳州府城和长泰县城,捕杀了汀漳龙道道台文秀和总兵曹三祝。5月18日,黄位、黄得美率领起义军三四千人分乘 30 艘帆船从篑箕港登岸进攻厦门。早已参加小刀会的码头工人、船工和下层士兵充当内应,配合起义军攻城。起义军打死清军官兵 200 多人,夺取城内的福建水师提督衙门,并于 19 日占领厦门岛,建立自己的政权。

小刀会乘胜进军,势如破竹地占领了同安、安溪两座县城。20 日占领漳浦县、平和县琯溪镇,21 日,占领铜山(东山县城)、云霄县城,取得了辉煌战果。

集美小刀会起义得到闽台各地纷纷响应。晋江反清组织三合会发动起义,占领了安海镇,发兵攻打泉州府城。台湾会党也在凤山县(今属高雄)、台湾县(今台南)、嘉义县起义响应。小刀会每到一处,焚毁衙门,捕杀贪官污吏,废除苛捐杂税,开仓赈济灾民。

小刀会在厦门建立政权之后,发布了《征厦布告》,恢复明代衣冠,镇压了被人民所深恶痛绝的贪官污吏、土豪劣绅,没收他们的财产充当军费,采取稳定物价、禁止走私和打击鸦片商贩等措施,深受市民拥护。起义军纪律严明,与广大群众亲如一家。

但是,小刀会占领厦门岛之后,领导集团在战略上和策略上都严重失策。他们忽视了农村基础政权的建设,没有采取巩固后方、保卫胜利果实的积极措施,轻易放弃漳州等县城和乡镇,单纯将主力放在守护厦门岛上。

5 月下旬,清政府开始组织军事力量反攻。两广总督叶名琛统领 3000 名水陆精兵,封锁了厦门海面。福建分巡台湾兵备道道台徐宗干从台湾带兵内渡漳州和泉州,切断起义军的粮食来源。兴泉永道道台来锡藩、参将韩嘉谟率领清军驻扎在刘五店(今属翔安区),完成对厦门岛的包围。清政府还起用熟悉闽南水陆地形的原福建水师提督李廷钰指挥反扑。

起义军英勇迎战了73天,虽然击退了清军48次进攻,但一直未能解除被围困的局面。直到入秋,起义军军火粮食日见短缺,士气逐渐消沉,清军已经先后在厦门岛北部的高崎和东部的五通登陆。11月11日,由于厦门城内的地主豪绅充当清军内应,起义军腹背受敌,粮尽援绝,黄位率余部从西门突围,撤离厦门,继续在闽南、台湾和广东沿海开展斗争。起义军余部一直在附近海上坚持斗争至1858年,最后因弹尽粮绝,不得不到新加坡等地逃难。黄位和担任小刀会后勤军需官的儿子黄志信最终转渡到印尼爪哇岛定居谋生。

黄得美和江源嫂突围后都被清军捕获,押往厦门凌迟处死。

清军进入厦门岛后,对人民进行残酷的大屠杀,被刀杀、淹死、烧死的无辜居民不计其数。发端于集美的闽南小刀会虽然失败了,但起义将士矢志不渝的反封建斗争精神永垂青史。

19世纪末,以孙中山为代表的资产阶级革命派开始从事以推翻清王朝专制统治为目标的革命斗争。1894年11月,孙中山在夏威夷王国(1898年被美国吞并)檀香山创立第一个资产阶级革命团体——兴中会。1905年8月,他在日本东京发起成立第一个资产阶级革命政党——中国同盟会,制定了"驱除鞑虏,恢复中华,创立民国,平均地权"的革命纲领,首次提出以资产阶级民主共和国取代腐朽专制的清王朝的革命目标。

同盟会成立后,在国内分设东、西、南、北、中五个支部,按省别设立分会;在海外华侨中设立南洋、欧洲、美洲、檀香山四个支部,以国别或地区设立分会。

籍贯集美大社的陈嘉庚于1890年赴新加坡继承父亲的产业,他具有深厚的爱国情怀,受到时代潮流的影响,在1907年还清父亲的全部债务后,更加关注国家的前途和命运。陈嘉庚对清朝统治者的腐败无能深恶痛绝,对孙中山领导的辛亥革命给予了大力支持。

1908年秋,陈嘉庚在晚晴园见到仰慕已久的孙中山,聆听了孙中山对"民族、民权、民生"三大主义和"驱除鞑虏,恢复中华,创立民国,平均地权"四大纲领的阐释,给陈嘉庚留下了一生都难以磨灭的印象。结识了孙中山后,陈嘉庚热情投身民主革命,多次参加新加坡同盟会会员的秘密会议,与孙中山研商如何在侨界发展革命力量,以及在财力方面如何资助中国民主革命。当时,孙中山领导过多次反清起义屡遭挫折,同盟会一直处于秘密状态,在南洋的许多侨胞又忙于生计,所以不惜生命危险参加民主革命的人还不多,陈嘉庚恰恰就是难得的支持民主革命的杰出华侨。

1910年春,陈嘉庚与胞弟陈敬贤在晚晴园同盟分会主楼大厅上,双双剪掉象征驯服于清朝统治的发辫,神情严肃地在中国同盟会盟书上宣誓签名:"驱除鞑虏,恢复中华,创立民国,平均地权。矢信矢忠,有始有卒,如有渝此,任人处罚。"加入中国同盟会组织,成为陈嘉庚政治生涯的重要里程碑。从此,他遵照孙中山的革命宗旨,唤醒侨胞拥戴共和制度,支持民主革命和振兴中华的一系列活动。

1911年10月10日武昌起义爆发后,南方各省纷纷成立的军政府,面对清朝政府留下的烂摊子和大量增加的军费开支,普遍遭遇财源枯竭的困境。加上西方列强不承认新生的南方各省军政府,列强为了阻止中国革命的发展,同时也为了维护他们在中国的侵略权益和完全控制中国的海关,加紧攫夺中国海关税款的活动。其所控制的中国海关截留了所有税收,强行指定为偿付外债、赔款的担保。帝国主义的干涉,加重了革命党人的财政危机。

在新加坡同盟会会长陈楚楠的推荐下,陈嘉庚担任了新加坡"福建保安筹款委员会"首任会长,以便更好地为同盟会工作。

陈嘉庚上任后,立即投入紧急支援福建军政府的筹款工作。他首先把福建会馆附属的慈善机构——厦门平粜局的20000元存款汇给福建军政府,以解燃眉之急。接着,在他的带头募捐下,第一天就捐得165000元,然后,他派人到各埠募捐,又募得 25 万元,全部汇寄福建军政府都督孙道仁,缓解了军政府的财政危机,大大提振了光复后的福建民气。

孙中山先生闻讯后非常高兴,他高度评价陈嘉庚说:"了不起,真是募款能手! 我早就感到,华侨是革命之母!"

1907 年,祖籍高浦村(今属杏林街道)的马来亚华侨郑螺生加入中国同盟会,并任马来亚霹雳分会会长。他积极宣传三民主义,为革命劝募筹饷。1910 年,他变卖自己所拥有的福建、江西铁路股票,以资助广州黄花岗起义。

中华民国成立后,郑螺生出任中国国民党新加坡总支部常委。后因筹款讨伐袁世凯被英国殖民政府驱逐回国。此后历任孙中山大元帅府庶务委员会委员、侨务委员会委员。1917 年,受孙中山委任为大元帅府庶务司司长。1932 年起,任国民政府监察委员和侨务委员。1937年返回马来亚,积极宣传抗战,鼓动广大华侨捐款支援祖国。

徐赞周和张永福都是籍贯灌口的缅甸华侨。1908年 3 月,徐赞周发起成立中国同盟会缅甸分会,并担任主盟人,他与张永福等人集资创办了宣传民主革命的《光华报》,徐赞周兼任助理编辑。该报极力揭露清王朝封建专制的腐朽统治,宣传民族、民主革命。《光华报》出版数月以后,党势大振,加入同盟会的缅甸侨胞多达 2300 多人。

徐赞周、张永福等人在仰光设立了益商学校和党民书报社,作为革命党人秘密活动机关。

武昌起义后,籍贯东孚的中国同盟会缅甸分会会长庄银安,被南洋各属华侨推选为总代表,返回福建投入新政权的建设。1912年2月,徐赞同接任中国同盟会缅甸分会会长一职;张永福也被任命为中国同盟会缅甸分会副部长。他们运用缅甸华侨兴商总会的力量,发动侨商踊跃捐资,为祖国的民主革命贡献力量。

1909年,籍贯灌口镇东辉村徐厝的同盟会会员庄尊贤与庄佑南、陈飓臣、庄文泉、杨浩然等人组织了闽南同盟会、公益社和农务分会,以成立"灌口商办天然农林种植有限公司"为掩护,招募两百多名同志,在双龙潭一带山区秘密进行军事训练,组织革命军,准备起事。灌口镇的凤山书院也成了革命党人开展活动、宣传民主革命思想的据点。

11月9日和14日,福州、厦门先后光复,同安县城震动。同安参将孔协台决定倒戈,参加革命,并于19日与灌口革命军里应外合,兵不血刃,一举攻克同安县衙。清朝知县陈文纬缴印投降,同安县宣告光复。革命军公推陈飓臣代理同安县长,不久陈飓臣任安海分县长,由厦门统制署派郑一龙接任同安县长。革命军发布公告,废除一切正赋之外的苛捐杂税,禁烟禁赌禁娼,剪辫放足,严禁械斗和迷信活动。

辛亥革命后,袁世凯窃取了革命胜利果实,建立了北洋军阀政府,大搞专制独裁,图谋复辟帝制。袁世凯的党羽在厦门大肆捕杀革命党人。孙中山号召讨袁,发起护国运动,举国响应。

1916 年年初,革命党人许卓然在厦门组建闽南护国军,下辖两个支队、一个独立营。钱凤鸣任闽南护国军第一支队长。4 月,钱凤鸣、汤文河率第一支队潜入泉州城内,设立秘密机关,广泛联络民军,约期起事,攻克泉州。不幸被敌人发觉,钱凤鸣、汤文河等人被捕,他们个个坚贞不屈,从容就义。钱凤鸣牺牲后,吴瑞玉率第一支队继续讨袁事业,在南安一带多次与敌作战,并率部挺进泉州。由于孤军奋战,吴瑞玉终因弹尽援绝被俘,壮烈牺牲。

同年开春,庄尊贤回到灌口凤山书院召集旧部,组建闽南护国军第二支队,自任第二支队长,他邀请从惠安来的火药师李扁星自制炸弹,保定军官学校毕业生潘节文担任教练官。

4 月 24 日,第二支队在灌口东辉村的山口庙与北洋军队激战,李扁星等十余名壮士阵亡。6 月 2 日,庄尊贤、潘节文率护国军第二支队 180 余人突袭同安县城,由于北洋军队早已得到密报,预设埋伏,庄尊贤和潘节文在战斗中英勇牺牲,北洋军队乘机反扑,同安的护国运动宣告失败。

第 三 节

爱国华侨领袖陈嘉庚创办集美学校

近代以来,许多集美人民远赴东南亚谋生。他们披荆斩棘,筚路蓝缕,历经数代前赴后继,涌现无数出类拔萃的人物,或为工商巨擘,或为科技精英,或为政界要人,集美以侨乡闻名遐迩。

集美更是因集美学村而成为我国著名的文教区。1913 年,著名爱国华侨领袖陈嘉庚开始倾资创办集美学村,经过十多年的呕心沥血经营,逐渐形成了由学前教育至小学、初中、高中到高等技术学院的文教体系,为国家为民族培育无数栋梁之材,成为享誉海内外的教育基地。在教育事业相当落后的旧中国,集美学村犹如璀璨的明珠,闪烁在我国东南海疆。

陈嘉庚 17 岁出洋到新加坡后,生活在以中华文化为纽带的华侨社会,在随父经商期间,他恪守孝道,公忠守职,勤俭持家。从 20 岁起,他就开始热心社会公益,这一年即 1894 年,他出资两千块大洋,在家乡集美创建了惕斋学塾,这是他出资兴学的开端。陈嘉庚非常厌恶旧私塾的弊端,决心改造旧学,大力发展近代教学,而“惕斋”正是这个决心的起点。

　　陈嘉庚身处南洋,无时无刻不感到自己的祖国惨遭列强侵略和凌辱,所有的海外华侨就像失去父母的孤儿,随时受着别人的冷眼和欺负。他非常希望祖国能够强大起来,使他们这些海外孤儿不再受别人欺辱。他认为,欲使祖国强大,就必须使民族振兴;欲使民族振兴,就必须提高国民素质;欲提高国民素质,就必须发展教育。这就是陈嘉庚当初最为朴素的赤子思想。

　　陈嘉庚认为,教育是"立国之本","兴学即所以兴国","国家之富强,全在乎国民。国民之发展,全在乎教育"。他在新加坡兴办了道南学校、南洋华侨中学、南侨女中、爱同师范、崇福师范、南洋师范及水产航海等学校。

　　1912年秋,陈嘉庚回国,怀着"欲尽国民一分子之天职"的抱负,以其兴办实业所得,在家乡倾资办学。1913年1月27日,由陈嘉庚独资创办,其胞弟陈敬贤热心帮助筹建的集美男子小学正式开学,为集美学村奠定了第一块基石。

　　集美男子小学初建时,学生暂时在祠堂内上课。为了解决校舍问题,陈嘉庚花费2000元钱的高价,将村外面积数十亩由海滩围堤起来的鱼池购得,再雇人筑闸填土,筑成人造岛屿。接着,他又花费14000多元在新近打造的陆地上建了办公大楼、教员宿舍和7间教室,并在校舍四周开辟运动场和花圃,校园种植各类植物。集美学村粗具规模。

　　1916年10月,陈嘉庚以超人的智慧、惊人的勇气开拓船运业,不仅使他的公司从艰难困境中解脱出来,而且大获盈利,这为自己致力于兴学报国提供了雄厚的资金,他决定自己留在南洋主理工商实业,以源源不断的财力支持胞弟陈敬贤在家乡筹办学校。

1917年2月,集美女子小学正式开学。集美女小的创立,开启了闽南地区女孩与男孩享受同等教育权利的先河。

陈嘉庚通过长期的考察调研,认识到要从根本上改变福建教育落后状况,必须兴办培养师资队伍的师范学校,为将来普及农村小学教育提供条件。1918年3月10日,集美学校师范部和中学部同时开学。

1919年至1925年,是陈嘉庚公司以橡胶为龙头的实业发展的黄金时期,同时也是集美各校校舍建设的高潮时期。其间,陈嘉庚先后五次返回集美,亲自筹划集美学校的建设,凡是选择校址、敦聘校长、选用职员,以及招生和优待归国子弟等诸多事宜,他都事必躬亲。在1918年至1933年期间,集美学校各项费用共480万元,全部由他承担。

陈嘉庚怀着兴学报国的雄心壮志,以开拓者的远大目光,在短短几年时间内,与胞弟陈敬贤倾注巨资和心力,先后建成了女子小学、师范部、中学部、幼稚园、水产科、商科、女子师范部,设立了同安教育补助处,以及为各校公用的医院、图书馆、银行、体育馆、科学馆等为教学服务的配套设施。建成了规模宏大的从学龄前教育、初等教育、中等教育到高等专科教育的共十多所院校,还兴建了为学村统一共享的钟楼,确定了"福建私立集美学校"的总校名,聘请了大批著名的专家和学者前来集美学校任职。

　　集美学校建设速度是相当快的,仅仅几年光景,先后建造了立功楼、立德楼、立言楼、博文楼、约礼楼、瀹智楼、即温楼、明良楼、允恭楼、崇俭楼、克让楼、尚忠楼、诵诗楼、延平楼、文学楼、敦书楼、务本楼、肃雍楼、养正楼、葆真堂等校舍,还有科学馆、美术馆、操场、西膳厅、大膳厅、音乐室、军乐亭、网球场、洗浴室、植物园、工人住所、农林建筑办事处,以后又增加了职工宿舍、电影院、邮局、黎明楼、道南楼、海通楼、南薰楼等建筑。总面积达数百万平方米。楼房一律采用一字形结构,四至六房。大部分建筑都是欧式楼墙,中国宫殿式顶盖,绿色琉璃瓦,龙脊飞檐,廊柱拱斗,雕梁画栋,彩楹饰金,校园道路均铺有花岗岩白石,路旁广植花木,一派南国胜景。

　　集美学校在抗日战争期间曾经遭受日寇军机狂轰滥炸,1949 年 11 月再次遭国民党飞机轰炸。中华人民共和国成立后,在陈嘉庚的亲自规划下重新修复。这些建筑各具匠心,无一雷同,组合形式灵活,表现出建筑与自然环境的和谐统一,人们称其为"嘉庚建筑风格"。

　　集美学校的建成,开启了全国私人办学的先河。1921 年 2 月,集美学校正式成立,陈嘉庚为校主,陈敬贤也被人尊称为二校主。

陈嘉庚、陈敬贤昆仲亲自为集美学校确定"诚毅"两个字为校训。"诚者,至诚如神","毅者,坚韧不拔"。其用意十分清楚,就是要求全校师生、中华学子,以"诚"立身,以"毅"处事,弘扬中华民族的传统美德,坚定不移地为振兴中华而努力学习。"诚毅"二字也成了嘉庚精神的精髓。

陈嘉庚久居海外,深知中华文化传承的重要性,十分重视对华侨下一代的母语教育。1918年3月,集美学校师范部、中学部开学以后,学校便大力鼓励华侨子弟回国到集美读书。为了方便侨生回国学习,陈嘉庚特许南洋侨生来集美师范和中学应试。如果成绩不及格,可以先到学校特设的补习班进修,直到合格后再进入班级读书,并将这一规定定为永例。他还规定,入学后的侨生一律不收寄宿费和学杂费。

为了让更多的贫困孩子受到教育,陈嘉庚从南洋发来训辞,宣布中学生只需缴交膳食费,一概免去学杂费和住宿费;师范生的所有费用都免除。这大大减轻了学生家庭的负担,尤其是师范生。中学生和师范生的被枕和蚊帐,也都由学校免费提供。学校每年免费发放两套冬春校服。更让学生和家长想不到的是,学校每天供应两餐干饭,一餐稀饭。如果有学生愿意三餐都吃稀饭,每月可以领到两块银圆的生活补贴。许多来自贫困家庭的学生就将得到的银圆积攒起来,寄回家去。集美学校这种做法,实属当时中外教育史上所罕见,受到广大师生和老百姓的交口称赞。从此,陈嘉庚这位实业家、教育家声名远播。

　　陈嘉庚认为,办学不仅要现代化,而且还要面对未来,培养未来民族复兴、祖国富强的人才。他曾经对水产科和商科的师生们讲:"我国人口居世界第一,沿岸领海环抱万里,不让任何国家;而所有船舶之数尚不足与最少船舶之国比拟,甚至世界数十国船业注册,我国竟无资格参加,其耻辱为如何?国门洞开,强邻环伺,故今后我国须振兴船业,巩固海权,一洗久积之国耻,沿海诸省,应负奋起直追之责。诸君宜本诚毅,策励猛进!"由于集美学校坚持严格要求,严格训练,理论与实践相结合的方针,因此,从集美学校培养出来的水产、航海专门人才质量较高,在全国水产、航海界享有很高的声望。

　　集美学校肇始正值军阀混战时期。集美又是进出厦门岛的要道,自然是兵家争夺之地。1923 年 8 月,陈炯明率粤军进驻集美学校,与驻守高崎隶属北洋军阀的臧致平闽军对峙,两军经常开枪互击,集美与厦门岛的水上交通戒严而断绝。是年 9 月,有位名叫李文华的集美侨生乘船去厦门,不幸被闽军的枪弹击中而亡。陈嘉庚及南洋华侨对此极为愤怒,要求交战双方不得袭击集美师生,集美学校校董叶渊倡议划定学校范围,定为"永久和平学村"。由秘书课主任蔡斗垣草拟以集美学村为中国永久和平村请愿书,分别投递国内军政当局。10 月 23日,在广州的孙中山大元帅大本营批准,将其命名为"集美学村",电令闽粤两省军政官员对集美学校特别保护。

陈嘉庚倾资兴学举世无双,他为保证学校费用,将自己在国外所有的不动产,包括 7000 亩橡胶园、店屋货栈以及 46000 多平方米的地皮,全部作为集美学校的基金。

1919 年五四运动爆发,迅速波及全国。这时,陈嘉庚的实业也如日中天,集美各校也粗具规模。为了实现科教兴国、救亡图存的宏愿,他决定筹办厦门大学。当年 7 月,陈嘉庚邀请 300 多名厦门各界人士,召开筹办厦门大学发起人特别会。他在会上慷慨陈词后,当场带头认捐厦大开办费 100 万元,另附经常费 300 万元。

1921 年,厦门大学正式开学。陈嘉庚为厦大定下 8 字校训:"自强不息,止于至善。"

陈嘉庚办学特别注重教育质量,强调德智体群美全面发展,他认真遴选校长和教师,不仅委托著名教育家蔡元培、黄炎培等人在北京、上海、江浙一带物色人才,还差遣其胞弟陈敬贤到上海等地选聘,还用选送学生出国留学等方式鼓励学生学习。

当年闽南地区还是地僻天荒,教育十分落后,外地的教师,特别是名师都不太愿意前来任教。陈嘉庚为了提高教育质量,打牢教学基础,不惜重金聘请天下英才。一时间,鲁迅、林语堂、顾颉刚、孙伏园、姜立夫等许多学者纷至沓来,厦门大学真可谓群贤毕至。

陈嘉庚办学并不局限于自己的家乡,他还在集美设立教育推广部,拨出专款,除了提供办学上的指导之外,还传播新的教育思想。到 1932 年,全省各地由他创办或提供补助的中小学校共有 73 所。在他的倡导下,许多华侨纷纷捐资兴学,影响极为深远。

陈嘉庚特别重视教学设备的完善,随时关注学生的健康成长,大力提倡开展体育运动,搞好公共卫生及医疗保健工作。

1926 年,陈嘉庚所经营的公司迅速发展,冲击了英、日等国的市场,于是几个国家的财团勾结起来,通过排斥、离间等手段,致使陈嘉庚的公司解体。此后,陈嘉庚用于集美学校和厦门大学的经费逐渐捉襟见肘了。

1934 年,在全球经济萧条的波及下,陈嘉庚的个人事业遭受挫折,他的企业收盘后,尽管财务不支,困难重重,他还是多方设法,四处募集,继续为集美、厦大两个学校筹措经费。他毅然把自己在新加坡的 3 幢大厦卖掉,将所得的钱款用在厦门大学兴学育才的事业上。现在,那三幢大厦的前面还镌刻着"出卖大厦,维持厦大"8 个大字,以昭示后人,永远缅怀陈嘉庚无私奉献的崇高精神。

1937 年,陈嘉庚因经济来源枯竭,不得不将厦门大学交给国民政府公办,改为国立大学,但他仍然奋力募款,努力将集美学校办下去。

集美学村不仅是华侨办学的典范,而且是福建新文化运动的重要阵地,更是福建共产主义运动的摇篮。知识分子是中国社会各阶层中最敏感、最具洞察力的一部分,也就是最先觉悟的一部分。许多革命青年在集美学校学习期间,接触了马克思主义理论,确立了为人类求解放的人生信念,树立了实现共产主义的远大理想,他们走出校园后,为中国的民主革命,为共产主义事业奋斗到底。

第 一 章
建党前后和国民革命时期

第 一 节

莘莘学子,有志青年,传播革命思想

1913 年,爱国华侨陈嘉庚、陈敬贤兄弟怀着教育救国的热忱,在家乡创办了集美小学。在以后的几年中,他们陆续创办了师范、中学、水产、商科等学校。

陈嘉庚采取经济上优惠的办法,招收来自国内各地的贫苦青年学生和南洋各地的青年侨生,免除了贫困的工农子弟在师范学校的学费、住宿费和膳食费,许多贫苦家庭出身的有志青年纷纷来到集美学校师范部就读,他们易于接受新事物,从他们当中涌现出厦门早期的共产党员罗善培(罗明)、罗扬才、杨世宁、李觉民等人。

陈嘉庚创办集美学校时,正值俄国十月革命、中国新文化运动、五四运动和中国共产党诞生等国内外重大事件频发时期。新文化、新思想在中国大地广泛传播,对集美学校产生极其深刻的影响。

1919 年 5 月 4 日,北京爆发了反帝反封建的学生爱国运动,后迅速发展成为全国性的群众运动。5 月 9 日,是袁世凯接受日本提出的"二十一条"的 4 周年。这一天,集美学校停课一天,召开了国耻纪念会,分别在校内举行反帝爱国集会,表示要誓死力争山东权利,有力地声援了北京学生反帝反封建的爱国斗争。

五四运动是中国新民主主义革命的开端,这场反帝爱国的浪潮,给中国的思想界带来了崭新风貌。1919年,受孙中山节制的粤军首领陈炯明在漳州开设了"新闽学书局",后又创办《闽星》半周刊和日刊,宣传新文化、传播马克思主义和介绍俄国十月革命的情况。厦门毗邻漳州,科学、民主的新思潮也随之涌入。

这一时期的集美学校,反映各种思潮的报刊同时并存。"凡中外图书杂志,均力为购置,旧椠新梨,兼收并蓄"(《集美学校周刊》第102期),学校图书馆藏有大量进步和革命读物。《马克思主义学说》《共产党宣言》等书籍能够在学生之间传阅。学村内部反映各种思潮的报刊同时并存,有无政府主义派散发的《民钟》《奋斗》等刊物,国家主义派的《醒狮》,社会主义派的《新青年》《向导》《每周评论》《人民周报》《中国青年》《社会主义讨论集》《独秀演讲集》《工人流血记》《马克思学说》等。学校图书馆收藏着各种派别、各种思潮的刊物和书籍,这些进步刊物为集美学校师生接触新思想,探索救国救民的道路提供了良好的精神食粮。

陈嘉庚兄弟十分重视向学生灌输新思想、新知识,对各种新思想、新知识采取"兼容并包"的方针,从各地聘请许多思想活跃、知识渊博的知名学者来集美学校任教。集美学校的教师在向学生传播知识的同时,也向学生介绍了他们所信仰的无政府主义、国家主义和社会主义思想。

历史教师施之勉,在课堂上公开介绍辩证唯物主义和历史唯物主义;师范部主任刘屏江、图书馆馆长吴康等人也在各种场合积极宣传社会主义新思想。国文教师陈问涛以"劳工神圣"为题,指导学生作文,并引导学生对这一问题展开讨论。地理教师李翼伦在讲授经济地理时,联系帝国主义列强的侵略和封建军阀的割据混战,启发学生要进行反帝反封建军阀的斗争。这些受新文化运动影响的教师向学生介绍了资产阶级启蒙思想和社会主义思想,对青年学生的思想启蒙起了积极的作用。

陈嘉庚倡导"开放民主、兼容并蓄"的办学方针,重视学术争鸣,使师生们的进步思想十分活跃。这种充满着自由民主的环境,十分有利于革命思想和马列主义的传播。1921年,校内开始纪念国际劳动节,宣传马列主义思想,继而开展了"学生自治""我的人生观"等问题的演讲与讨论,师范部创办校工夜校,义务帮助农民和工人学习文化,宣传新思想。集美学校师生的思想十分活跃,他们纷纷组织社团,出版刊物。五四运动反帝反封建的斗争精神又通过各种刊物的传播和影响,反过来冲击着集美学校,为师生接触新思想,探索救国救民的道路提供了良好场所。

1921年10月1日,师生们本着"传播消息,研究学术,发表意见,交换知识"的宗旨,创办了《集美周刊》并向国内外发行,闽南辛亥革命的先觉者苏眇公担任该刊总编辑。《集美周刊》成为集美学校主办的革命刊物。该刊对国内外形势和各种社会现象、学术问题进行自由探讨，猛烈抨击封建婚姻制度，极力主张妇女解放、实行男女平等。

集美学校还出现了一股寻找国家和民族出路、立志改造社会的思潮。师范部学生组织了"自由之半月刊社"，出版《自由之半月刊》，表达改造旧社会、建设新社会的愿望和主张，对师生起了启蒙和鼓舞作用。

1923年4月，集美学校图书馆在《集美周刊》发表通告，向青年学生推荐图书馆购藏的《少年中国》《向导》等期刊和《新俄游记》《马克思派社会主义》《马克思资本论入门》《社会主义与进化》《列宁传》《马克思学说概要》等有关马克思学说的进步图书。同年6月，进步教师蔡斗垣将《共产党宣言》《社会主义讨论集》《阶级斗争》《前锋》《向导》《哲学问题》等书捐赠给集美学校图书馆，以提倡学习马克思主义学说。青年学生经常在书报室读书看报，关心国家大事，学习和讨论马克思主义的风气日益浓厚。

在集美学校的学生中，以师范部学生最具特色。在生源方面，陈嘉庚十分强调招收立志服务基层教育的农村贫寒学子，招生范围力求普及普罗大众，等到学生学成毕业后，回到各自的家乡办学和当教师，以此达到普及国民教育的长远目的。

为了吸引贫寒学子到集美学校师范部就读，陈嘉庚特意给师范生在生活上和学习上实行许多优惠措施。因此,集美学校师范部吸引了来自闽南、闽西、粤东各地的贫寒学子前来就读。自1920年起,陆续有福建永定的李觉民、胡永东、胡其文、陈正、曾牧村、曾宪安、卢其中,平和的朱积垒,龙岩的谢汉秋(谢景德)、谢宝萱,武平的练宝桢,以及广东大埔的罗扬才、罗善培(罗明)、刘端生、邱泮林等人前来就学。这些学生后来都成为集美学校的佼佼者,他们当中许多人为了共产主义事业奋斗终生。

在马列主义真理光芒照耀下,许多师范部的学生不约而同地向革命道路迈进。罗善培(罗明)和李觉民是当时最为活跃的学生代表。

从1922年8月开始,以同安籍入学集美中学的台湾学生翁泽生(1920年入学),就通过各种途径,将马克思主义著作和进步刊物寄回台湾,他利用寒暑假回台湾,在台北组织爱国青年学习、讨论,他在“台湾文化协会”讲习会上,向会员介绍祖国大陆的革命源流、集美学校师生的思想活动以及自己的学习情况,宣传社会主义新思想,并联系台湾的实际,揭露日本殖民当局在台湾的种种暴行,从而提高了台北爱国青年对日本殖民者的认识及开展反日斗争的觉悟。1928年4月,翁泽生在上海参与了台湾共产党的创建。

厦门是闽西、闽西南,乃至福建的新民主主义革命的发源地,这与陈嘉庚创办的集美学校最先发起福建的新文化运动,最先在八闽大地上传播马克思主义学说有着密切关系,这也与集美学校,特别是集美学校师范部为中国革命培养和输送了大批革命干部是分不开的。所以说,集美学校是厦门地区宣传马克思主义的早期阵地,不仅是福建省共青团组织诞生的摇篮,也是闽南的革命摇篮和闽西南早期革命活动中心。

国民革命期间,集美学校的政治风气和学术风气依然十分活跃,图书馆、科学馆、体育馆、美术馆、音乐厅等教育阵地办得有声有色。共产党员和共青团员利用这些教育阵地,大力宣传国民革命,发动学生和群众声援北伐军。1926 年,浙江美术学校著名散文家、教授、画家孙福熙曾著文称赞:集美学校是"世界上最优良最活跃的学校"。

第　二　节
罢课请愿,磨炼斗志,建立党团组织

集美学校师生长期的革命斗争是在中国共产党各个历史时期的领导下进行的,这也和陈嘉庚的爱国兴学宗旨与爱国活动言行的影响分不开。

早在 1923 年,集美学校就广泛传播中共中央机关刊物《向导》、社会主义青年团(1925 年改名为共产主义青年团)中央的机关刊物《中国青年》和党中央总部发行的介绍马克思主义的相关读物。在集美学校宽松、民主的学习气氛中,集美师范进步学生李觉民最早接受了马克思主义思想。他经常向同学们介绍苏俄现状,宣传俄国十月社会主义革命的成果。

1923 年冬,集美学校师范部学生陈正利用寒假返回家乡永定下洋。他在假期中,与曾牧村、胡永东等集美同学邀集永定在外求学的进步青年 42 人,组织成立了晨钟社。晨钟社以"改造社会、改造思想"为己任,制定社章 28 条,规定了社员的权利和义务,选举陈正为该社副主席兼总务委员会主席。同年 12 月,晨钟社出版了社刊《钟声》第 1 期。稍后,陈正等人还发起组织金丰新剧社,深入农村,表演新时代内容的戏剧。晨钟社的活动成为永定县思想启蒙运动及传播新思潮的先声。不久,他们的进步活动汇入了国共两党合作的反帝反封建斗争。1924年,他们建立了永定青年协进会,出版了《革命前锋》刊物,为开展武装斗争奠定了思想基础。

1924年5月,集美学校学生发动了反对学校负责人压制学生抗议日本帝国主义的活动和开除学生的罢课和请愿活动。学校校长叶渊为了让这场学潮尽快平息下来,宣布提前放暑假,限令学生在一个星期内离校。

在集美学校学习的杨世宁、谢景德、李联星、陈国华、张旭高、谢宝萱等龙岩籍的同学因提前放暑假,陆续到厦门城区做工,这些志同道合的进步青年联合创办了《新龙岩季刊》和《到民间去》,这些刊物对马克思主义在厦门的传播起到了积极的作用。

籍贯广东大埔的集美师范进步学生罗善培在被迫离校回家的途中,在汕头遇到自己当年在潮州金山中学的老同学、共产党员蓝裕业。蓝裕业时任社青团广东区委候补委员,他认真听取了罗善培介绍的有关集美学潮的情况后,充分肯定了集美学校学生运动,并以社青团广东区委领导人的身份,向罗善培介绍了当时的革命形势和任务,吸收他为社青团广东区委通讯员,并指示他回到集美去开展革命活动。

1924年9月集美学校开学,李觉民写信给中共中央总书记陈独秀和社青团中央宣传部长恽代英,请求给予指导,同时请求让他在集美学校代销《中国青年》《向导》

以及上海书店出版的各种进步书刊和马克思主义相关读物。从此,李觉民与上海的社青团中央取得联系,接受社青团中央总书记刘仁静和恽代英的领导,受聘担任团中央的通讯员,成为厦门地区最早的社会主义青年团员。

在李觉民的努力下,阅读马克思主义书刊的学生越来越多。于是,李觉民与罗善培、罗扬才、刘端生、邱泮林等同学结成同志。他们从列宁、普列汉诺夫等人于1900年12月在德国莱比锡创办的《星火报》中受到启发,决定组织一个研究马克思主义的左派进步团体。

这个时候,罗善培也回到集美学校上课,此前他接受了社青团广东区委的指示,在国共两党已经建立革命统一战线的新形势下,希望建立一个以信仰共产主义的青年为骨干的国民党左派组织,以便更有利地开展革命工作。罗善培迅速联络了李觉民、罗扬才、刘端生、邱泮林等进步同学,建立国民党左派组织。经国民党中央组织部批准,于当年10月成立国民党(左派)集美区分部,对外称福建青年协进社,直接与广州国民党中央组织部的共产党员杨匏安联系,仅仅3个月时间,协进社成员就发展到一百多人。

福建青年协进社刚成立,就创办了《星火周报》,最初采用油墨印刷,后来改用铅印,该报主要传播马克思主义和进步思想。这是厦门地区乃至闽西南地区第一份宣传和研究马克思主义理论、宣传中国共产党政治主张的革命刊物。它在介绍马克思主义学说的同时,以反帝反封建军阀为中心,宣传革命理论,还涉及青年学生的学习、生活、理想和前途等内容,他们还研究社会实际问题和国际政治状况。很多青年受到《星火周报》的影响走上了革命道路,为厦门建立共青团和共产党组织奠定了思想和组织基础。

与此同时,罗扬才等人在厦门市区组织了闽南文化促进社,进一步介绍马克思主义理论和救国救民的道理,推动了新文化运动的发展。

随着马克思主义在集美学校的传播,已经形成一批信仰共产主义理论的青年学生,进步的社团组织亦纷纷建立,这就为建立中国社会主义青年团组织和中国共产党地方组织,做了思想上和干部上的准备。

1925 年 6 月初,共青团广东区委接受罗善培的建议,派遣候补委员蓝裕业,以国民会议促进会代表的身份来到集美学校,与李觉民取得联系,研究建立厦门地区共青团组织。同月中旬,从进步青年中吸收了李觉民、罗扬才、刘端生、邱泮林、罗良厚、罗贤开(刘祥才)、罗调金(罗朝正)7 人为共青团员,建立起闽西南第一个共青团支部——共青团集美学校师范部支部。李觉民当选为团支部书记,隶属于共青团广东区委,接受团中央直接领导。此时,与李觉民并肩战斗的罗善培已离开集美投考广东大学,当年 9 月加入共产党后改名罗明。

共青团厦门支部建立后,加强了对学生运动的领导,组织以"热血之精神,为救国之牺牲"为宗旨的演讲活动,借以发动青年学生积极参加反帝爱国运动。团支部除了在厦门城区发展团员外,还派人到同安城关、马巷、新店等地发展团组织,壮大共青团员队伍。

1926年1月,李觉民加入中国共产党。经罗明介绍加入共产党的罗扬才也转学到厦门大学读书,于1926年2月,与李觉民、罗秋天在厦门大学囊萤楼成立了党支部,罗扬才为党支部书记。这个党支部的成立,宣告福建第一个中国共产党组织的诞生。

2月底,罗明以中共广东区委和国民党中央农民部特派员的身份来到厦门,他在厦门期间与中共厦门大学支部取得联系,并举办党团员训练班,培养骨干分子,提高党团员的政治水平,向他们讲述工农运动、学生运动、妇女运动的工作方法,以提高他们的实际工作能力。在教育的基础上,从学生、工人、农民和国民党左派中发展了一批党团员。

1926年3月,罗明介绍集美学校师范部学生朱积垒、郭滴人等人到广州第六期农民运动讲习所学习。他们都在农讲所学习期间加入中国共产党。

1926年4月,党团混合的共青团厦门特支干事会成立,下设七个支部:厦门大学支部,支部书记罗扬才;禾山支部,支部书记严子辉;大中支部,支部书记柯子鸿;中山支部,支部书记陈祖华;育青支部,支部书记刘端生;集美小学支部,支部书记巫丙熹;集美学校师范部支部,支部书记罗贤开。中共集美小学党支部在集美学校延平楼成立,吸收了农讲所学员 9 人,其中集美籍学生 4 人。1927 年 1 月,集美工人党支部建立。这一时期,厦门地方党组织仍隶属中共广东区委领导。中共厦门地方组织的建立,标志着厦门地区的革命斗争进入一个新的历史时期。

1927 年 1 月,中共广东区委派遣原中共汕头地委书记罗明到厦门、漳州一带,组建中共闽南特委,在 20 余名委员中,书记罗明,组织部长刘端生,宣传部长翁振华,秘书长邱泮林,委员朱积垒、郭滴人、罗扬才、胡永东等人均为原集美学校学生。后又根据斗争形势的发展,罗明根据中共广东区委的指示,成立了中共厦门市委,罗秋天任市委书记,罗扬才任组织部长,杨世宁任工运委员。

1926 年 10 月,毕业于集美学校的共产党员胡永东、王奎福以汀漳龙农民运动特派员的身份,跟随北伐军回到永定,开展农民运动和建党工作。他们回到永定后,即与中共永定支部负责人阮山联系,并随后开始以当地的下洋公学为阵地,团结和发动进步师生开展革命活动,发展党员。是年年底,中共金丰支部在下洋公学成立,胡永东任支部书记。

第 三 节
声援五卅，响应北伐，学潮风起云涌

1924 年 10 月，由集美学校学生组成的革命组织福建青年协进社成立。为了加强领导，成立了由罗善培、罗扬才、李觉民、刘端生和邱泮林等人组成的领导小组。

1925 年春，国民革命正在广东如火如荼地进行，福建青年协进社也积极行动起来，集美学校自上而下恢复成立原有的学生自治会组织，开展各种学生运动。

3 月 12 日，中国民主革命先行者孙中山先生逝世。噩耗传来，集美学校学生自治会决定在 4 月 16 日举行孙中山先生追悼大会。在大会前后期间，学生自治会大力宣传孙中山的革命主张，宣传国共合作和"联俄、联共、扶助农工"三大政策，宣传革命的新三民主义，号召广大群众投入反帝反封建军阀的革命斗争，扩大国民革命的影响。

5 月 1 日，在罗善培、李觉民等人的推动下，学生自治会发起并举行纪念五一国际劳动节大会。他们不仅动员了全体师生员工集会，而且校外的筑路、打石工人也闻讯参加。陈正在大会上登台演讲，呼吁师生到工农大众中去，向工农大众学习。这场集会声势浩大，在厦门产生很大的影响。

这一年的 5 月 9 日,是袁世凯政府被迫接受日本旨在灭亡中国的"二十一条"10 周年。厦门各界群众举行了"国耻日"游行,罗善培、李觉民等人带领福建青年协进社演讲股的同学到厦门市区演说,宣传国共两党的反帝反封建主张。

集美爱国学生的上述活动,引起了学校领导人的注意,他们认为学生应该以学习为主。校方指责纪念活动是罗善培发动的,要求他提前离开学校。经过福建青年协进社领导小组的讨论,大家认为还是接受校方意见。5 月 10 日,罗善培离开了集美学校到广东接受新的革命任务。当年 9 月,罗善培加入中国共产党,不久改名罗明。

集美学校有很多学生出身于贫苦农民、渔民家庭,深感劳动人民只有起来革命,才能翻身得解放的道理,进步学生在斗争实践中已经开始反对贪官污吏、土豪劣绅,初步走上与工农相结合的道路。

5 月 30 日,上海发生日本资本家指使打手枪杀共产党员顾正红,随之英国租界巡捕开枪镇压抗议群众的暴行,十多人死难,上百人被捕,酿成五卅惨案。当晚,中共中央召开紧急会议,决定组织行动委员会,建立各阶级的革命统一战线,发动工人罢工、学生罢课、商人罢市,共同反击帝国主义的野蛮行径。

五卅运动的消息传到集美学村,全体师生同仇敌忾,群情激昂,掀起了一场轰轰烈烈的反帝爱国运动。集美进步学生参加了厦门学生联合会和厦门地区各界爱国力量的"厦门国民外交后援会"。6月6日,集美学生还参加了由后援会组织的在厦门大学召开的声援五卅运动大会。

6月初,应福建青年协进社的请求,共青团广东区委派蓝裕业到集美学校指导工作。在蓝裕业的指导下,共青团集美师范部支部终于在五卅运动这场风暴中诞生了。

共青团集美学校师范部支部建立后,加强了对学生运动的领导,组织了以"热血之精神,为救国之牺牲"为宗旨的演讲活动,借以发动青年学生积极参加反帝爱国运动。团支部除了在厦门市区发展团员外,还派人到同安县城、马巷镇等地发展团组织,壮大团员队伍。

集美学校教职员和学生组织了救国团,积极开展反帝宣传工作,出版了《沪案特刊号》《五卅惨案特刊》等宣传品,宣誓做上海学生的后盾。叶渊校长亲自担任集美学校救国委员会主席,并带头捐款。集美学校师生在"二校主"陈敬贤夫妇的带动下,共捐出3600块大洋,接济上海罢工的工友。6月17日,救国团派人分赴同安、马巷、灌口及集美附近的村社去讲演。救国团还决定暑假期间,同学们回到各自家乡组织宣传,号召民众抵制日货,开展爱国运动。

6月23日,英帝国主义在广州制造了沙基惨案。消息传来,集美学生再次走上街头。6月30日,集美学生响应在上海的全国学联号召,参加厦门全市 63 个团体约五千人的示威大游行。游行队伍高呼"打倒帝国主义""取消不平等条约""中华民族万岁"等口号。声势浩大的群众示威,迫使英国驻厦门领事要求和平解决。

从五四运动到五卅运动,随着反帝爱国斗争的日益发展,集美进步学生日益接受马克思主义,并将其逐步运用到反帝反封建斗争中,在实际斗争中不断提高思想觉悟。于是,在集美学校建立共产党组织的条件逐渐成熟。

1926 年 2 月底,中共广东区委特派员罗明来到厦门,与罗扬才领导的中共厦门大学支部取得联系。罗明还在集美学校发展了刘端生、邱泮林、罗贤开、罗良厚、巫丙熹、谢如香、邹纯等人加入中国共产党。刚开始,罗明将厦门地区的党团员分为厦岛支部和集美支部。不久,成立了党团混合的共青团厦门特支干事会,下设厦门大学、禾山、大中、中山、育青、集美小学和集美师范 7 个支部。集美小学支部书记为巫丙熹;集美师范部支部书记为罗贤开,组织委员谢如香。3 月,成立了集美学校各部学生的党支部,支部书记刘端生。

1926 年春,集美学校推广部主任彭友圃、集美师范学生许英宗和李毅然、集美师范艺术科学生彭再添等人加入共产党。

1926 年 7 月 9 日,国民革命军在广州誓师北伐,"打倒列强、除军阀"的战斗号角传到集美,广大学生积极响应,纷纷集会声援北伐军。以叶渊校长为代表的学校领导层担心学生运动脱序,从而影响正常教学,责令学生退出政党事务,校园内停止党务活动,接着又规定学生必须填写誓词:"凡未有党籍者,须填不入党誓词;已有党籍者,须填停止党务活动誓词或转学党化教育之学校。"因此,进步学生与学校领导层的矛盾尖锐起来。

1926年11月9日,北伐军东路军进入漳州,进而向同安进发。党支部书记刘端生率领集美学校一批党团员、左派分子前往同安庆祝北伐军胜利,顺便要求北伐军派宣传员到集美学校演讲,同时请求北伐军司令部饬令集美学校校长取消强迫学生填写禁止入党誓词,恢复因组织学生运动被开除的同学学籍。

16日,集美学校学生在大礼堂召开了欢迎国民革命军大会。北伐军派出共产党员周邦彩等3位代表到场演讲。会上,广大学生对学校管理层阻挠学生参加革命行动表示不满。周邦彩就提议由党部、学生及学校当局三方组织校务革新委员会,以联络师生感情,革新校务,谋求学校的改进,这一提议得到大多数师生的积极响应,他们还拟出《校务革新会章程草案》12条,主张集美学校一切校务都由校务革新委员会议决。集美学校校长叶渊对此强烈反对,把校务革新委员会改为校务讨论会。叶渊校长和学生会带着各自不同的目的,邀请厦门大学教授鲁迅来集美学校,27日,鲁迅在大礼堂做了题为《生活的意义与价值》的演讲,对集美学生的革命活动起到了鼓舞和推动作用。

由于叶渊阻挠学生运动,拒绝校务改革,12 月 1 日,集美学校全体学生举行罢课。北伐军东路军总司令何应钦派人协助叶渊与学生代表磋商,但调解无效。5 日,集美学生成立了罢课委员会,公开提出"驱叶"口号。18 日,由学生推选 19 位代表组成倒叶运动全权代表会,共产党员刘端生、颜泗、邱泮林、梁绍之等人都被选为代表。

在中共厦门地方组织领导下的集美学潮受到全省乃至全国各地的关注。厦门各界成立了援助集美学潮委员会,全国各地纷纷来电来函慰勉。后来,校主陈嘉庚专门请出国民党元老、教育家蔡元培出面调解,这次学潮才告平息。

1926 年年底,共青团厦门特支书记罗扬才、共产党员杨世宁这两位集美师范毕业生在厦门发动了反对帝国主义利用基督教进行文化侵略的"非基运动",集美师范学生积极参加了这场运动,他们参加了厦门反基督教大同盟和反抗文化侵略大同盟会领导的示威大游行,并到各处举行演讲。"非基运动"的影响迅速波及全国各地。

第 二 章
土地革命战争时期

第 一 节

把握时机，扩大力量，坚持革命斗争

1927年4月9日，国民党厦门海军警备司令林国赓、国民党厦门党部筹备处主任李汉青为代表的右派势力发动了"四九"反革命政变，逮捕了厦门总工会委员长罗扬才和副委员长杨世宁等多位共产党员，厦门全岛和岛外周边地区都被白色恐怖所笼罩。6月2日，罗扬才和杨世宁这两位集美学校杰出学生在福州英勇就义。

4月12日，国民党右派总头目蒋介石在上海发动了震惊中外的"四一二"反革命政变，华东各省的国共合作局面被破坏，大批共产党员和革命群众在反革命的屠刀下英勇牺牲。厦门市国民党党部右派立即向蒋介石告发集美学校有许多"反动分子"，请予接收。蒋介石为首的南京国民政府命令福建省政府查办。这时，集美的革命师生大多数奉命调离学校工作，没有毕业的革命学生就在白色恐怖下潜伏下来，秘密坚持斗争。

国民革命失败后，厦门的革命斗争转入低潮。此后，中国共产党将工作重心转向农村，开展武装斗争，反对国民党新军阀，深入进行土地革命。中国共产党的城市斗争转入地下。中共集美学校党支部继续接受中共福建临时省委直接领导,面对国民党右派"剿共"的反革命逆流日益猖獗的状况,集美学校的共产党员贯彻省委"造成闽南的割据局面"指示,依然带领革命群众坚持长期斗争,发动当地的农民开展抗租、抗捐、抗粮、抗债、抗税斗争,将党的影响从学校走向农村,将革命斗争引向深入。

1928年春,在中共福建省委、厦门市委和集美支部的领导和坚持斗争下,学生运动逐渐恢复。5月3日,日本侵华部队在济南疯狂屠杀中国军民6000余人。济南惨案发生后,集美农林学校学生会创办《青黄》壁报栏,发动同学撰写反帝反封建文章,开展对日本帝国主义的斗争,地下党团组织掌握时机,扩大宣传,成立抗日义勇队,进行军事训练。

5月8日,集美学生召开反对日本出兵山东大会,报告济南惨案的经过,大会推选共产党员叶国强、台籍爱国青年李纯青(1934年加入中国共产党)等10人组成反对日本出兵山东委员会筹备会,立即通电反对日本出兵山东及其惨杀我国同胞的野蛮暴行;通电国民政府请勿干涉民众的反日运动。全校各个同乡会也组织宣传队回乡宣传,集美学校全体同学还到厦门市区进行反日示威大游行。

1929年5月3日,集美师范学校全体师生在大礼堂举行济南惨案一周年纪念活动,由郁树锟老师报告济南惨案的情形。他揭露了日本帝国主义的侵略野心,勉励同学以打倒帝国主义为职责。师范学生会决定由宣传演讲股的同学到同安县城,及潘涂、官浔、东安、杏林、高崎等地下乡宣传,唤起民众。

1929年,共产国际决定于当年8月1日号召全世界无产阶级与被压迫民族动员起自己的战斗力量,反对帝国主义战争。8月1日,中共集美支部、共青团集美支部为国际赤色日发表纪念宣言,号召举行大规模示威游行,展现革命群众的力量。

8月30日,中共中央农委书记彭湃、中共中央军委主任杨殷、中共中央军委委员颜昌颐、中共江苏省委军事委员邢士贞4位同志在上海龙华英勇就义。消息传来,集美农林学校苏发全、赖弃芳、吴毓芬等4位党员在一间旧工棚内,秘密举行悼念活动。悼念会后于当夜在全校通道和学生宿舍散发铅印传单,进一步揭露国民党当局的反动本质。

10月8日,同安县国民党党务指导委员会派人携带训练部公函来到集美学校,勒令停止集美学生总会的活动,静候县党部派人整理。顿时,集美学村充满一片肃杀气氛。

11月15日,集美农林学校回复国民党同安县党部,函称:苏发全、苏宝全、赖羽朋、汤泽民、李成岩、林发交等6人均有"共党嫌疑",当时,教工苏宝全已经离开学校,李成岩、林发交也已被学校辞退,剩下的苏发全、赖羽朋、汤泽民(汤晓丹)立即被开除学籍。

11月至12月,集美水产学生反对学校无理处分学生,全体罢课,全校成立学生总会。集美乡村师范学校因反对校长打骂学生也全体罢课。集美学校学生为反对学校当局与国民党干涉学生会活动而斗争。

1930年1月3日,国民党福建剿匪司令部发出公函,称据漳州石码公安局破获共产党秘密机关,"查有集美学校学生苏发全、何萧凤等二名,又农林部毓芬一名,并文超、惠凤、沙金、张福秋等四名,均系共产党员,混迹该校,图谋不轨。……希即按名逮捕,解送当地法院审理"。

3月13日,集美商业学校校长执行了国民党同安县党务指导委员会训令,改组商校学生自治会,立即遭到学生的强烈反对。4月,集美商校学生会组织了农村宣传小组,参加的有陈俊新、郑国书、白品三等人,他们步行到白品三的家乡安溪,宣传反对日本帝国主义,反对国民党的卖国行径,发动工人和农民起来做主人。这一行动引起了国民党当局的关注。当这3名学生从安溪准备回集美的时候,国民党同安县党部已经命令集美商校训育处开除他们的学籍,并实施抓捕。幸亏有进步教师秘密通知,他们迅速逃离,免遭反动派的毒手。

在国民党反动当局的白色恐怖下,仍有不少从集美学校走出来的共产党员,在艰苦的环境下坚持斗争,有的同志为了共产主义事业流尽了最后一滴血。

苏发全离开集美农林学校后,担任共青团福建省委书记、中共福建省委工运部部长,在厦门组织和指导青年学生运动和工人运动,培养了大批干部和革命斗争骨干支持土地革命。1930年5月因叛徒出卖在厦门被捕。他在狱中历经酷刑,坚贞不屈,同年7月壮烈牺牲。

1931年3月25日,中共福建省委设在厦门鼓浪屿的秘书处、宣传部被敌人破坏,省委常委兼秘书长杨适、省委宣传部长李国珍被捕,先后英勇就义。在此严峻时刻,在集美学校就读过的董云阁挺身而出,在代理书记王海萍和互济会党团书记黄剑津到上海汇报福建省委受破坏情况和请示工作期间,董云阁、蔡协民和曾志临时负责省委工作,主动担负领导全省革命斗争的重任。

1931年"九一八"事变发生后,集美学校学生会立即去函国民党同安县党务指导委员会,请其函令各校一致扩大反日组织。学生会通过决定,全校师生组织抗日救国会义勇队15个分队,共715名成员,由各校党团组织派赴农村和长泰、海澄等地宣传反对日本侵略,反对国民党当局的不抵抗政策。

1932年,集美高级水产航海学校学生邓素尧(邓远帆)、邓国璜、罗国珍、郑雄谋、陈鸿铨(陈学英)等参加了受中共地下党领导的厦门反帝大同盟,由邓素尧负责加入了地下共青团组织。1934年春,林敦星(林醒民)也加入了共青团组织,后经陈鸿铨介绍,陈仕烈也加入共青团组织。1934年夏,共青团厦门市委安排陈仕烈和林敦星两人到团市委组织的训练班学习,学习结束后从事地下革命工作,陈仕烈担任共青团区委书记,兼任与集美各校地下团组织的联络员,1934 年 12 月,陈仕烈被捕后从容就义。

　　在土地革命战争时期,集美学校的进步教师为了帮助学生寻求救国救民道路,一如既往地采取"兼容并包"的方针,鼓励和支持学生发扬五四反帝反封建的精神。

　　集美学校图书馆添置了《政治思想大纲》《世界经济与帝国主义》《革命与反革命》《马克思经济学说的发展》《唯物史观的文学论》《资本主义的发展及其没落》《社会主义、共产主义与无政府主义》《中国问题之回顾与发展》《资本主义的浪费》《马克思主义经济学说方法论》《马克思十二讲》《社会革命论》等进步图书和宣传马克思主义的新书,为有志青年提供了很好的精神食粮,有力地推动他们走上革命道路。

第 二 节

闽西暴动,组建农军,开辟红色苏区

　　大革命失败后,许多在集美学校学习过的革命青年走上了井冈山道路,在闽南、闽西发动多起武装暴动,实行工农武装割据,创建了闽西、闽西南的苏维埃政权,为中央苏区的建立奠定了基础。

　　1927 年 8 月,中共闽南特委在南靖召开扩大会议。罗明在会上总结了国民革命期间闽南部(特)委领导工运、农运、学运的情况,会议提出"倾全力于开展农民运动,发展农民协会,发展农民武装,领导农民暴动"的口号,制定了今后的工作路线和斗争纲领。

　　会后,罗明、罗秋天到永定下洋,首先发展了在斗争中表现突出的原集美学校校友陈正、曾牧村、卢肇西、曾宪安等人入党,建立了下洋党支部。罗秋天留在南靖县积极开展农运工作,罗明在曾宪安的陪同下,找到在平和县从事建党工作的朱积垒,他们陆续将失散的同志重新聚集,恢复了平和党支部和当地的农民协会,并在长乐乡重新建立革命据点。

　　1927 年 10 月,中共闽南特委决定组建中共永定县委。特委书记罗明与陈正、曾牧村、卢肇西等分头深入湖雷、金砂、太平等地，与各支部负责人协商县委人选，筹措会议经费、确定会议地点。10 月 25 日，中共永定县第一次代表大会胜利召开。会议选举产生县委委员 10 人，正式成立了中共永定县委。陈正被选为县委委员，并分工担任组织委员。会议决定，坚决执行"争取群众、武装暴动、土地革命和建立苏维埃"的斗争方针，以溪南为中心，与湖雷、金丰连成一片，迅速发展革命力量。

会后，陈正等县委委员分头深入各区、乡发动群众，大力发展党的基础组织和农民协会、农民武装，积极开展反对苛捐杂税和"分粮吃大户"的斗争。这期间，陈正与江桂华一起主持建立了中共金丰区委。同时，他带头把家中积粮两千余斤分给群众，动员母亲拿出了父亲在外经商捎回家中的几百元钱，解决革命经费的困难。中共永定县委用这些钱款设立了地下兵工厂，日夜赶制大刀、梭镖、单响枪等武器，准备武装暴动。

1928 年 3 月 4 日，曾在集美学校学习过的共产党员郭滴人发动了龙岩后田暴动；3 月 8 日，同样在集美学校学习过的共产党员朱积垒发动了平和长乐暴动，揭开了福建农民自动夺取政权第一幕，打响了八闽土地革命第一枪。中共平和县委也在此诞生，长乐乡从此成为闽南地区牢不可破的革命根据地。

设在东肖镇后田村的中共龙岩县委坚决执行党的方针政策，省委派罗怀盛担任龙岩县委书记，邓子恢任宣传部长，郭滴人、陈品三分别为组织部长和军事部长。为了组织群众,进行土地革命和建立苏维埃政权,邓子恢和县委其他领导人在后田积极组织力量。为了培养武装骨干,他们在后田村火星祠堂内设立了一个青年国术馆,一方面以教习拳术为名训练格斗技术;另一方面以此为基地,发展贫苦农民入党,发展革命力量。

1927年冬,中共龙岩临时县委成立,县委机关设在后田村。龙岩临时县委大胆吸收后田秘密农会会员陈锦辉等7人加入党组织,并于年底建立了全省第一个农民党员支部——中共后田支部。

1928年春节过后,粮食涨价,后田农会做出了禁粮出口、平定粮价的决定。这对雇农和贫农有利,但对地主富农不利,于是阶级矛盾尖锐起来。后田地主企图压服农会,雇请一批流氓、地痞不断制造事端。3月4日,因夺取南山契据事情,土豪劣绅唆使打手陈北瑞打伤农民2人,甚至还阴谋派遣陈北瑞欲行杀害农会负责人。

中共龙岩县委和后田村党支部认真研究了当时的政治形势和敌我力量的对比,认为发动武装暴动的时机已经成熟,决定当天举行暴动。

这天黄昏,后田党支部书记陈锦辉带领20多名农会会员,埋伏在火星祠堂附近的隐蔽处,待机行动。晚上8时许,陈北瑞从地主家里喝了酒摇摇晃晃出来,当他路过火星祠堂时,陈锦辉抬手一枪,把他打伤在地,又冲上去一刀杀死了他。屋里那帮反动分子,一听见枪声和农会会员的呐喊声,纷纷夺路奔逃。暴动指挥部随即集合队伍,缴获反动地主的所有武器。县委在衍新小学广场上连夜召开群众大会,揭露地主的阴谋和陈北瑞的罪状,宣布实行武装暴动,当场查明田契借约并施以焚毁,还宣布从此废除一切债务和田租,号召暴动队没收地主的土地分配给贫苦农民,整个村庄欢声雷动,人们通宵不眠地沉浸在暴动胜利的喜悦之中。

第二天,罗怀盛、邓子恢、郭滴人等把没收的一千余桶粮食分给贫苦农民,用缴获的武器,组织了一支几十人的游击队。3月7日晚上,他们以后田农会名义召开一次联欢会,公开宣传党的土地革命主张,号召全县农民响应后田暴动。会后,郑邦、龙聚坊、邓厝、盂头等村相继行动,缴获快枪3支,大洋300元以及谷米等,并烧了一些田契借约。

后田暴动打响了福建省农民武装暴动的第一枪,是闽西土地革命的先声,它掀开了闽西革命史上新的一页。

1927年9月,曾在集美学校学习的朱积垒以中共闽南特委委员身份,在平和县长乐乡下坪村召开农民协会成立大会,他当选为会长兼军事股长,同时成立中共平和临时县委,朱积垒任书记。1928年2月24日,中共平和县委召开会议,决定实行暴动,并成立由朱积垒任总指挥、罗育才任副总指挥的暴动委员会。

3月7日晚上,以长乐乡农军为主体,包括饶平、大埔部分农军,集中在长乐乡举行誓师大会后,1000多人的农军分成3路攻占了平和县城,救出被捕的农友,并将没收反动豪绅的财产分给农民。8 日中午,敌人进行疯狂反扑,县委认为暴动目的已经达到,为了保存农军实力,决定撤回长乐乡,转入平和西北山区开展游击战争,建立农村革命根据地。

1928 年 6 月 28 日,张鼎丞、阮山和在集美学校学习过的卢肇西、陈正等共产党员指挥永定各区乡农民举行了震撼八闽的永定暴动。农军一度攻入永定县城,打开监狱解救了被捕的党员和革命群众,极大地鼓舞闽西各县党组织和革命群众的斗志,沉重打击了闽西的国民党反动统治。永定暴动后,农民武装以永定金丰大山为根据地,该地被称为闽西的井冈山。

6 月中旬,中共永定县委召开党员代表紧急会议,决定举行武装暴动,攻打永定城,营救被捕同志。并成立了暴动委员会,张鼎丞任暴动总指挥,制定了暴动计划。

6 月 29 日,湖雷 30 名保安队士兵起义,加入暴动队伍。当晚,陈东、岐岭、石岭、高头、南溪等地暴动队伍 500 余人在陈东圣庙汇合,组成金丰暴动队,在陈东、岐岭等处逮捕镇压了地主豪绅 11 人,焚烧田契、借据。接着,攻打岐岭、下洋、古洋、坪水等地。

7 月 1 日,永定的国民党驻军因摺溪的土匪不服收编,派兵 200 余人前往镇压,城内仅留百余人。暴动队伍得知后,在金砂赤竹凹店边集中千余人,兵分三路围攻永定城。次日凌晨 4 时攻入北门占领北门炮楼,接着直捣县公署和监狱。暴动由于队伍组织不严密,急于破狱营救被捕同志,没有及时抢占有利阵地,当敌人反扑时,未能有效抗击,坚持至 9 时即撤出城外,将县城围困了 3 天,直到往摺溪之敌扑回县城,才撤往农村。在暴动中,农民武装牺牲 20 余人,打死豪绅、守敌 60 余人。

暴动队伍到金砂金谷寺后,将骨干组成一个红军营。这是福建第一支以红军命名的武装。随后,红军营在溪南里收缴地主武装,没收地主财产,发动群众,准备分配土地。8 月,在金砂金谷寺召开溪南区工农兵代表会,成立区苏维埃政府。在不到一个月的时间里,13 个乡完成了分田工作,创建了闽西第一块苏维埃区域。

闽西南革命据点的创建,为厦门城市斗争的恢复和发展创造了有利条件,提供了可靠的后方。罗明、张鼎丞、邓子恢等一批优秀革命家一起为开创闽西革命根据地立下了伟大的功勋。在此期间,中共闽南临时委员会在罗明的领导下,为开辟新的革命据点,实行革命工作重点的转移,做了很大的努力,收到了可喜的成效,为福建党组织的恢复和福建革命斗争深入发展奠定了基础。

第 三 节

机智勇敢,营救同志,发动厦门劫狱

　　原中共厦门市委书记罗秋天因在 1927 年"四九"事变中暴露了政治色彩,被调到漳州任中共闽南特委工运部长。经过短期的整顿,中共闽南临委委派组织部长兼共青团书记、原集美学校师范部学生刘端生继任中共厦门市委书记。

　　1928 年 4 月,中共厦门市委改称中共厦门特委。1928 年 7 月,中共福建省临委返迁厦门,取消厦门特委,厦门各基层党组织归省委直辖。同年 8 月,省临委又做出决定,成立中共厦门区委,区委书记由原任集美小学教师的省委常委、组织部长谢景德(又名谢汉秋)兼任。1929 年 1 月,改由毕业于集美师范的邱泮林继任区委书记。

　　随着党组织的扩大,1929 年 10 月,中共福建省临委决定恢复中共厦门区委,领导 13 个党支部,其中包括中共集美学校支部。

　　1930 年 1 月,中共厦门区委再次撤销,厦门各基层党组织及其工作再次归省委直接领导。2 月,中共福建省第二次党代会在鼓浪屿召开,选举产生新一届省委领导班子,罗明担任省委书记,谢景德任组织委员,邱泮林任省委秘书。

1930 年春,在厦门开展地下工作的 40 多名共产党员先后被国民党反动派逮捕,关在厦门市思明监狱里,其中包括中共厦门市委书记刘端生和共青团福建省委书记陈柏生。

正在这时,省委接到密报,国民党当局准备把关押在厦门思明监狱的这一批共产党要犯,秘密押解福州。

为了营救被捕的同志,中共福建省委连续召开了 4 次会议,对营救狱中人员的事宜做了详细的研究。大家一致认为,必须立即采取果断行动进行营救。会议成立了由省委书记罗明、团省委书记王德、省委组织部长谢景德、省军委书记兼省委宣传部长王海萍、省军委秘书陶铸等 5 人组成劫狱委员会,由省委直接领导。革命互济会主任黄剑津担任劫狱委员会秘书长。挑选 12 位同志组成破狱武装队伍,陶铸担任武装劫狱行动总指挥。

陶铸受命后立即展开紧张的筹备工作,他首先前往侦察思明监狱的警卫部署。驻守思明县政府和思明监狱的敌人兵力,只有警卫队 36 人,三四条驳壳枪和一些不好用的单响毛瑟枪,战斗力很弱。监狱里面只有卫兵 4 人,分散在 3 个地方放哨。

监狱铁门外面,是一个天井,看守监狱铁门的哨兵平时就站在天井里放哨,都不带枪。只有看守所所长一人身上带着短枪,但他平时都待在天井西边的小楼上。此外,思明监狱的管理比较松懈。每星期三、六两天允许探监,只要暗地里给看守和卫兵一些钱,谈话时间不限,交头接耳也行,甚至还可以把大包小包的衣物食品送进去,不受盘查。

陶铸在制定详细的劫狱行动计划之前,亲自带领准备参加劫狱行动的人员,以探监为名,多次进入思明监狱,对守卫县政府和思明监狱的敌军部署、监狱内部的地形以及劫狱路线,都侦察得一清二楚。

中共福建省委和劫狱委员会在同狱中的同志进行了深入细致的商讨后,在狱中成立了临时党支部,刘端生为支部书记,由支部负责做好被捕人员的思想准备和行动准备。

厦门地下党组织动员了党团员积极分子,担任劫狱后引领出狱人员撤退和隐蔽的工作,并筹备中装、西装和衬衣,准备给出狱人员进行换装。中共闽西特委负责人邓子恢、郭滴人等人亲自部署控制从龙岩至漳州的交通要道,防止敌人增援。闽西特委还选派了漳州红军游击队队长王占春、龙岩乡苏维埃主席老谢等人到厦门参加武装劫狱。同安县委安排了两条木帆船到厦门港接应。罗明、王德两人还亲自到同安县的彭厝等地选好隐蔽地点,一旦劫狱行动成功救出战友,立即赶往厦门港乘木帆船到彭厝隐蔽,然后转移到闽西根据地。

从4月末起,陶铸就和特务队的11名成员住在鼓浪屿山后的一个隐蔽地,进行为期4周的秘密训练。当时地下党经费十分困难,想尽了方法,只搞到两支驳壳枪,闽西苏维埃政府主席邓子恢知道情况后,先后两次送来了 13 支手枪。

经过认真的侦察和摸清底细后,劫狱委员会决定在 5 月 25 日上午 8 时采取行动。因为这一天是农历四月廿七,9 时半刚好潮汛初退,有利于帆船顺着潮水快速驶离厦门,而且这一天又是星期天,探监的人较多,敌人的戒备比较松弛。

5 月 25 日这一天清晨,久雨初晴,从厦门市区来到思明监狱所在地附近著名的南普陀寺进香的游客成群结队,川流不息,远比平常的香客多。王德带领早就组织好的厦门党团员和工人、学生,混在游客中,掩护劫狱。劫狱委员会决定,如果打开监狱后,敌人闻讯前来追赶,他们就立刻装作打架斗殴,制造交通事故,阻碍敌人,拖延时间。

谢景德指挥的十余名接应队员,早已按照预定时间,到达思明县政府附近。县政府旁边就是一个露天市场,接应队员化装成游人,有的在摊贩上买香烟,有的装作久别重逢的好友,站在路旁攀谈。他们的任务是接应出狱人员,赶到直通渔港的碧山路尽头打石字码头上船。同安地下县委准备接运出狱人员的两只木帆船,已经在前一天傍晚悄悄停泊在打石字码头边。共青团福建省委领导人许英宗装扮成船工,在船上指挥。两只木船已扬起船帆,随时准备起锚开航。

　　省委书记罗明和劫狱委员会秘书黄剑津在附近的琼州会馆坐镇指挥,派出联络员了解劫狱第一线的情况,以便及时处理劫狱过程中临时发生的各种意外情况。

　　肩负劫狱重任的陶铸,正带领特务队的11名勇士赶向思明监狱,他们腰插手枪,子弹上膛。按照劫狱部署,特务队又分为外队和内队。外队5人,内队6人,内队以探监、找同事为名进入监狱,打开牢门。外队是劫狱的主攻队,由陶铸亲自率领,对付门警和思明县政府的警备队。

　　时间到了! 陶铸向内队的6位队员发出行动信号。两人一组,分三批进入思明监狱。当第三批同志进入监狱时发生意外。监狱看守所的副所长企图搜查队员,站在旁边的另一位队员见势不妙,拔出枪来,一枪击毙这位副所长。一位看守正想抵抗,就被一枪毙命。六名队员顺利进入监狱时,陶铸和另外5名队员已经控制住了守卫县政府大门和岗哨的敌人。

　　监狱里的枪声一响,在附近思明县政府大门口化装成小贩的谢景德立即掏出手枪,把县政府的执勤门警打死在地。陶铸迅即率领王占春等两名队员冲进县政府大门。正在吃早饭的警备队员,听到枪声,开始并不在意,他们做梦也想不到是武装劫狱,仍继续埋着头吃饭。

　　警备队长从边门探出头来吆喝"干什么?",话音未落,陶铸立即打出一梭子弹,将他击毙。国民党的警备队平时不曾见过这样的惊险场面,个个拔腿四散逃命。与此同时,进入牢内的 6 名队员,拔出老虎钳,钳断了牢房的铁锁。狱中的 40 多位战友在刘端生的指挥下,在特务队员的保护下,一个紧跟一个冲出牢门,劫狱仅仅用了10 分钟。

陶铸指挥大家冲出了县政府大门,散布在县政府附近的接应队,每人带领三五名出狱者,迅即撤离县政府,分头穿过通往海边的碧山路和小巷道,奔赴打石字码头,登上早就停靠在那里接应的两只木帆船,越过鼓浪屿与嵩屿之间的海面,转而往集美东北边,在南安和同安交界的海边登陆,分别隐蔽在彭厝村和珩厝村。几天之后,出狱者被分批送到闽西根据地。

陶铸指挥特务队出色完成了劫狱任务,把随身带的短枪埋藏妥当后,又装扮成一位阔气的游客,进入南普陀寺游玩,观察敌人动静。当敌人的援兵冲进南普陀寺抓劫狱人员时,陶铸正巧遇见一位在厦门政府机关做事的湖南老乡,两人若无其事地聊天,一点也没有引起敌人的注意,从而逃脱了追捕。

这次劫狱消灭了 20 多个敌人,我方无一人伤亡,使得国民党方面极为恐慌,国民党政府驻厦门的海军警备司令林国赓因此被撤职。“五二五”破狱斗争的胜利,是白区革命力量和革命根据地革命力量、党内力量与党外力量协同作战的成功范例。这一胜利,扩大了中国共产党在群众中的积极影响,厦门人民纷纷流传“共产党真有本事”的佳话。

第 四 节

乡村师范,扎根农工,宣传抗日救国

　　集美试验乡村师范学校是爱国华侨领袖陈嘉庚倡办的。为了培养师资以办好福建、广东及东南亚华侨居住地的乡村教育,1931年春,集美学校董事会决定筹办集美试验乡村师范学校,校址择定在集美学村近邻的凤林美村,聘请张宗麟为校长。

　　张宗麟在1927年3月加入中国共产党,后因国民党反动派大肆屠杀共产党员,他的上级牺牲即与组织失去了联系。他原是人民教育家陶行知的生活教育思想体系的实践者,是南京晓庄师范学校的主要教师。他们经过几次商讨决定先办小学,后办师范,把原乐安小学、亨保小学,及新办的洪林小学作为新式教育的试验园地。聘请南京晓庄师范刘琼瑶、蓝九盛、庄行容、王济弱及集美师范毕业的许秉心、许有韬为指导员,主持中心小学校务。后来又聘请了来自晓庄师范的唐文粹、潘一尘、王瑞符、王丙乾、陆静山、倪式曾、郑先文、王荆璞、潘念之等人担任指导员,也就是教师。

　　1931年9月1日办理招生考试,这次考试别出心裁,主要是演讲、劳动锄地、写自传等内容,共录取了40

名学生。9月7日正式上课。全体师生发挥晓庄师范的艰苦创业精神,靠自己的双手在短短时间里一边上课学习,一边动手修葺房子、开辟广场、筑厕所、辟菜园、布置大会堂、办公室、小教室、图书室、科学室、艺术室、师生宿舍、厨房膳厅、演会广场、露天讲座,颇具学校规模。房子都是向凤林村租借修葺的,整个乡村都是学校。办公厨桌、学习课桌、睡床等均由集美学校拨助。生活教育运动在此扎下了根,学校没有雇用工人,一切事务都由师生自己动手做,学生自己种菜自己下厨,还要办民校搞娱乐,师生会农友、农友找教师,形成良好的学习劳动风气。集美乡村师范成为晓庄师范在华南的翻版。

1932年2月,集美乡村师范招收了30多名第二届新同学,6月,学校由集美学校校董会正式接办,定名为集美试验乡村师范学校,简称乡师。乡师提倡手脑并用,不做书呆子。学校每天早晨举办演讲会,唱锄头舞歌。做完早操后,师生轮值做专题演讲。讲题自定,内容包括政治、经济、文化、教育,大家自由发挥、畅所欲言。下午召开讨论会,将话题讨论作为教育同学、锻炼同学、提高知识、修养品德、促进学术与思想进步的重要一课。每周星期五下午还要召开生活周会,讨论生活方面食住等管理、规约、账目问题;每周开一次小学教学实际问题的讨论会。

1932年8月,乡师又招收第三届同学,这次投考者很多,反映了乡师的影响力在扩大。除了福建的考生之外,还有来自江苏、广东的考生,这次共录取了60多名学生。至此全校共有学生130余人。学校将校本部后进的两间厢房作为师生宿舍,增设厨房两间、增聘集美中学教师王理臣、集美幼师校长黄则吾、幼师教师陈则蔡、集美小学校长梁士杰为兼任教员。师生村民生活在一起,生产学习在一起,亲如一家人,感情十分融洽。

乡师办了一年,便受到种种阻力。1932年4月20日,红军攻克漳州震撼闽南,乡师召开紧急会议,研究应变问题,决议照常上课,师生一律不走,不随大流疏散。因此触怒了南京国民政府,被诬蔑为"赤化据点""共产党大本营""阴谋不轨"。乡师的共产党员率领进步教师,以陈嘉庚公司的代表身份赶赴漳州,访问红军干部,拜会苏维埃干部,参观了龙岩苏区。

同年秋,乡师组织成立反帝大同盟,化名老唐的共青团厦门市委组织部长陈鹏担任反帝大同盟召集人。不久,东势中心小学指导员、共产党员庄行容被校外叛徒出卖,特务潜入后田村企图缉捕他,幸亏实习校长林云峡同学机智地支走特务,加上群众协力襄助,才使庄行容幸免于难。

1932年10月,在纪念俄国十月社会主义革命15周年的前夕,乡师的地下党员在校舍的墙壁上,刷上大幅革命标语:"抗租、抗捐、抗税,打倒土豪分土地""拥护共产党,当红军去""驱逐日本帝国主义"等等,扩大了政治影响。乡师出现庆祝十月革命节和拥护中国共产党的标语,更使当局震惊。几天后,国民党同安县党部派出大批军警包围搜查乡师。当日适逢假期,师生们都不在学校,除了搜去几本红皮书外,其他一无所获,只能悻悻而去。

1932 年春,国民党同安县政府查封了集美乡村师范,派出武装警察进入学校,搜捕了王济弱、谢灵慧等革命同志,几位反帝大同盟负责人被迫离校转移到其他地方。

1932 年 12 月,集美乡村师范本部与洪林、乐安两所小学举行了三校联合运动会,除了本部师生之外、邻近村民、妇女及小学生均可参加,比赛项目除一般田径项目外,还有运沙、搬土、劈柴、穿针、赛跑等,场面热烈,颇具农村运动会特色。

1934 年 5 月 20 日,毕业于乡村师范的潘涂养正小学校长朱秀三、教员许图地(鲁藜)带领宣传队前往垵头、东头埔等村庄进行反帝爱国宣传。国民党同安县第二区区长徐云通带领兵丁驱散学生,将朱秀山和许图地押送到县警察局,学生们义愤填膺,当即提出抗议,警察局长自知理亏,只好将朱、许两人释放。许图地被迫辞去教员职务。

1933 年 2 月,张宗麟校长向校董会提出辞职。原先从上海、南京一带聘请来的教师如唐文粹、王瑞符、陆静山、王丙乾、潘念之、郑先文等人也相继离开学校。学校原在办理第四届招生,由于校务无人主持,就由留校同学选出代表林云峡、李鸿钧、林光辉向校董会请求聘请新校长或把乡师并入集美师范学校。后经校董会研究决定：乡师继续独立办理，但不再招收新生；聘请师范校长王秀南兼任校长职务；原有三届师范生全部分发到8所中心小学做实习教学工作。

集美试验乡村师范学校开办的时间虽然只有短短的3年，但乡师的精神永远放射着璀璨的光芒。正如陶行知先生说的："出世便是破蒙，生命结束了才是毕业"，"人要活到老、学到老，一生一世学不了，一生一世干不了"。

从乡师毕业的学生，大部分深入到闽西南各地农村，推广乡村教育的教学方式，他们不仅创办小学、开办民众学校，还开展战时的民众教育；还有的人从事教育改革、中学教学和文化艺术宣传工作。王秀南校长继续沿着爱国教育道路，到东南亚各地兴办中学，接着在大学当教授，从事教育科学研究工作。陈志英、柯落叶、林鼎水、潘鸣祥、沈应松、张炳文等同学到台湾坚守文化教育阵地，为抗日斗争和民族解放做出了显著的贡献。

1940年，刘琼瑶、林光辉担任中国生活教育社福建分社筹组负责人，一边开展分社组织研究活动，一边继续出版《南国乡音》(全面抗战期间改为《乡教通讯》《今日教育》)，在闽西南地区艰苦地坚持斗争，直到全国解放。

一部分教师和同学在乡师这座民主、自由的革命摇篮里哺育成长而走上民族解放和无产阶级革命的康庄大道。抗战初期，林东今同学在保卫广州战役中献身；1939年，陈剑旋、许翊和等同学于黄浦滩头牺牲在日寇屠刀之下；王伦学同学在新四军的抗战阵地上为国捐躯；唐文粹老师在皖南事变中英勇捐躯；潘念之、陆静山、王剑璞等老师，王琴（伦绍）、李秋叶等同学长期参加革命工作并加入地下党活动直到解放；张宗麟校长、王瑞符老师、许图地老师，以及林云峡、陈亚农（超雄）、李鸿钧（蓬荆）、王仁安等同学先后奔赴延安，在共产党领导下南征北战，有的深入敌后坚持对敌斗争，经历了抗日战争和解放战争的全过程，中华人民共和国成立后继续为祖国的社会主义建设事业鞠躬尽瘁。

　　许图地老师离开乡师后，以鲁藜为笔名，成为中国共产党的文艺战士。他于1933年加入反帝大同盟；1936年参加中国左翼作家联盟，同年加入中国共产党；1938年入延安抗大学习。曾担任晋察冀军区民运干事、战地记者。中华人民共和国成立后，历任天津市文学工作者协会主席，中国作协第四届理事、天津分会主席。著有诗集《醒来的时候》《时间的歌》《天青集》《山》《鲁藜诗选》。

第 三 章

全面抗战时期

第 一 节

学校内迁, 播撒火种, 掀起抗战热潮

抗日战争时期, 厦门岛遭受日寇铁蹄蹂躏长达七年之久, 集美与厦门岛一水之隔, 集美学校也被迫向内地迁移。在这艰难的时期, 集美学校不仅因地制宜、勤学不辍, 而且积极宣传抗日、征募捐资, 谱写了一曲中华民族抗日救亡的壮丽诗篇。

全面抗战开始后, 中国共产党闽西南与闽中地区的地方党组织, 自 1937 年秋起先后选派了中共党员林青、张连、白宗兰、侯如海、陈忠煌、叶文霸、洪邃明和林志群等人来到集美学校读书, 秘密开展学生工作, 发展党员, 建立党的组织, 培养党的干部。

1937 年 9 月 3 日, 日寇军机和军舰首次袭击厦门城区, 近在咫尺的集美学村处在危险状态中。集美学校校董陈村牧经陈嘉庚同意内迁后, 紧急召开了临时校务会议。与会人员一致认为, 为了确保师生的生命安全和教学秩序不致中断, 学校应该迁往安溪山区。

最先搬迁的是师范、中学、商业三个学校。由于车辆有限, 一切因陋就简, 全体师生背着行囊, 唱着抗战歌曲, 翻山越岭, 走了整整一天才赶到安溪县城。师范学校和

完全中学设在安溪县城,商业学校设在安溪后垵(现属凤城镇)。10月20日,三个学校正式上课,起初共有学生440多人。

10月26日,日寇攻陷金门岛,集美的局势更加危机。11月,陈嘉庚从新加坡来函指出:"国难日亟,希激励员生,抱定牺牲苦干精神,努力抗敌救国工作,是所至望。"这封信函激励了全体师生的斗志,推动了学村各校的内迁进程。11月2日,科学馆仪器标本装车运往安溪校舍。12月7日,农林职业学校迁往安溪同美乡同美小学。16日,水产航海职业学校迁往安溪官桥乡(现属城厢镇)。

集美各校内迁安溪后,因地点分散,管理困难,而且机构分散、人才分散,不利于人力资源利用的最大化。1938年1月3日,学校召开校务联席会议,决定各中等学校一律迁入安溪县文庙校舍,合并办理。校董事会奉福建省政府指示,将学校定名为"福建私立集美联合中学"。由于小学生年龄尚幼,不便远行到安溪,集美小学暂时留在原地。

1938年5月10日,日寇疯狂进攻厦门岛,同时有日本军机在集美上空投掷炸弹。校董陈村牧紧急组织集美小学转移到20多里远的石兜乡(现坂头水库)。战乱也给集美带来了大批流离失所的难童,许多难童是从厦门岛内逃难而来的。为了给难童创造入学条件,1938年9月,校董会指示集美小学在难民聚居区增设店坂、珩山两所分校。

由于战事日益吃紧,沿海大部分中等学校被迫停办,因此转到集美学校就读的学生剧增,安溪县城已无多余的校舍容纳众多师生。

1939年1月20日,学校遵照陈嘉庚"决将职业科移设大田"的电示,并呈请省政府批准后,将水产航海、商业、农业三所学校迁往比安溪更为内地的大田县城,称"福建私立集美联合职业学校"。大田地处闽中腹地,局势较沿海平静,但文化教育相当落后。当时大田县只有一所县立初级中学,学生毕业后想要升学,只能远赴泉州、永春或福州就读。集美联合职业学校迁到大田县文庙和朱子祠,得到大田各界的热烈欢迎和支持。中国共产党集美总支委员会也在此成立,林志群担任总支书记。

1939年9月20日,日寇军机轰炸大田县城,全体师生由于及时疏散到防空洞内,幸无伤亡,但是校舍被炸,损失惨重。鉴于大田校区已被日寇盯上,为了安全起见,集美联合职业学校迁往离城三里的仙亭山,后又迁往城郊玉田村,借用该村的范氏祠堂和民房继续办学。

1941年,集美高中迁往南安诗山。集美学校经此变革,已分为四个部分:安溪校区以师范为主,南安校区即集美中学,大田校区即集美联合职业学校,还有设在集美附近山区石兜、店圩、珩山的集美小学。1942年,水产航海学校又移到安溪。

中国共产党集美学校各校支部也随着学校内迁到安

溪、大田、南安等地,党员们相继组建集美抗敌后援会支会、战时青年后方服务团、集美小学儿童救亡会、集美联合中学课外活动指导会、集美音乐研究会等十多个抗日团体。1940年夏,隶属中共福建省委领导的泉州中心县委派洪邃明回安溪,以小学教员身份为掩护开展活动。1941年2月,洪邃明到集美学校图书馆任管理员,继续开展党的活动,建立了隶属闽中地下党的基层党组织——中共集美学校支部,书记郑尚耿,党员4人。该支部活动了半年后,因工作需要而解散。

伴随着集美学校的内迁,福建省的抗日救亡运动也日益高涨。集美学校播迁内地,不仅延续了民族文化血脉,而且广大师生在抗日烽火中秉承"许国心丹,复仇血热"的爱国信念,因地制宜地组织了各种抗日团体,为抗战的神圣事业做出自己的贡献,同时也为落后的内地山区播撒了文化的种子。

早在1937年8月,集美学校就成立了集美抗敌后援会支会,下设总务、宣传、征募、调查、防护等股,共产党员在后援会发挥骨干作用。10月,学校公布了《集美师范、中学战时青年后方服务团组织与训练大纲》,集美师范、中学、水产航海、商业、农林各校相继成立了战时青年后方服务团,各团下设宣传、募捐等队,组织儿童演讲队、歌咏队和戏剧团。集美学校内迁后,战时服务团的歌咏队、演讲队积极下乡宣传抗战,足迹遍及安溪、大田、永安、德化、永春、南安6个县境。

集美学校战时青年服务团设有全体学生参加的军事训练队和部分学生参加的特种工作队。军事训练队又按高中生、初中生分别设立军训队和童军队,他们允文允武,一边学习文化知识,一边参加操练,锻炼体魄。特种工作队下设特务队、宣传队、交通队、救护队、防控队。各队都有具体任务,特务队主要是刺探敌情,防范汉奸破坏;交通队的任务是维持交通、协助通信,参加道路和桥梁的修复工作。

文化工作比较适合学生来做,所以宣传队的人员最多,分设戏剧、文艺、美术、演说、歌咏5个宣传股,在老师的带领下,同学们积极开展各种宣传活动。集美各所学校以抗敌为内容,举办各种竞赛和实施战时教学。集美师范、集美中学组织了国难演讲。集美联合中学组织了闽南语抗敌通俗演讲,举办了抗敌漫画、抗敌论文、抗敌文艺、抗敌地形地图绘制等活动。集美小学也不示弱,举办了"爱国国语演讲"和"讲述爱国故事"等竞赛,以及"画图周展览"等宣传。

1940年秋,中共党员张连当选为集美学校学生会主席。他团结白佑启、洪惠美等一批进步学生,成立党的外围组织钟标体育社,领导了反对压迫、反对反动教官的学生运动。中共集美总支通过学生会领导学生工作,恢复了学术座谈会、演讲会,举办抗日义卖展览会,慰问抗日军属,组织了集美战时服务团等进步团体。

集美各校教师在课堂上,理论联系实际,结合教材,结合抗战内容。集美学校创办的《集美周刊》，编辑刊载许多抗战文章，集美战时服务团出版的《血花日报》及时报道抗战新闻和事迹，分发给广大师生和安溪县府机关工作人员，这对一向闭塞的山区内地，起到很大的宣传作用。学校还在内地开办夜校、扫盲班、妇女班，许多成绩突出的学生担任教师，既教农民识字，宣传抗战道理，树立必胜信念，又让学生扎根于民众当中，更加体认民情和国情。

集美学校内迁安溪、大田等地，极大地促进了当地文化教育事业的发展，广大师生的抗日宣传和后方服务工作，为福建抗日救亡运动谱写了灿烂篇章。学校在八年多内迁期间，增收了大量在校学生，为福建的文化教育做了不可磨灭的贡献。

1945年，各地抗日战场节节胜利。6月30日，日寇全线从厦门、金门两岛溃退。8月12日，集美学校校董陈村牧主持校务会议，讨论内地各校迁返集美的计划。8月底，校董会派员常驻集美，主持修理校舍事宜。9月21日，陈村牧在福建战时省府永安获悉校主陈嘉庚平安从印尼日占区返回新加坡的喜讯后，加快了内地学校迁返集美的步伐。

1946年春，水产、农业、商业、高中、初中、小学各校，均在集美学校的原校址开学，结束了集美学校内迁艰辛又光荣的8年多历程。

第 二 节
许国心丹，诚毅之光，投身抗日洪流

抗战时期，内迁的集美学校师生与全国人民一道，进行了艰苦卓绝的斗争。集美学子根据北宋政治家王安石两句诗句"丈夫许国当如此"和"丹青难写是精神"，概括成"许国心丹"，以表达同学们在国难当头，义无反顾地奔赴抗日救国时代洪流的拳拳报国之心。

早在集美学校创办之初，陈嘉庚就为学校定下"诚毅"两字校训，"诚以为人，毅以处事"，这种嘉庚精神深深融入集美师生的抗日救亡运动。

内迁的集美学校师生生活条件非常艰苦。由于当时物价飞涨，不法米商囤积居奇，学校师生只能吃政府提供的平价大米，但是这种米多有霉变，既难入口又易生病，许多师生因水土不服染上生疮、痢疾。师生们团结互助、和衷共济、艰苦奋斗，一边努力改善生活环境，一边发动师生开源节流，自己动手养猪、种菜，进行生产自救。这种艰苦奋斗的生活培养了师生们的艰苦朴素和团结友爱的集体主义精神。

学校膳食都是师生代表负责管理，学生代表轮流监厨。配饭的都是冬瓜、南瓜、芋头、笋干、萝卜等平常蔬菜。贫穷学生每天仅此三餐而已,更没有什么零用钱。住宿条件同样艰难,老师和高年级学生睡竹床,低年级学生人多,睡双层木架床。寝室非常拥挤,几十人挤在一个大间,也没有自修桌或床头柜。

许多贫困学生穿的是土布、棉纱,脚穿麻织的草鞋或布鞋,有的冬天依旧穿着短裤、光着脚,但他们依然顶着严寒,坚持学习。贫困的学生人人备有针线包,衣服、被帐破了,全靠自己缝补。到了夜间,自修室、寝室的照明没有电灯,只能点煤油灯。

1940年前后,由于公路交通被当局破坏,汽车无法通行,各地前往内迁学校念书的学生,成群结队,背带小件行李,翻山越岭,过溪涉水,寒暑不懈。住得近的人,要走一两天,远的要走三五天。路上遇到危险,总是大的护住小的,男生护送女生,同学之间感情非常深厚。尽管条件艰辛,但是师生们没有退却,遇到日本军机轰炸,他们就搬到防空洞、树林等地方,坚持上课、学习。

集美学校秉承陈嘉庚的"教育为立国之本,兴学乃国民天职"的教育理念,在艰难困苦的条件下坚持办学。抗战期间,我国许多沿海的航海学校不得不停办,唯独集美水产航海学校,在陈维凤校长的主持下,内迁到闽中山区大田县坚持办学从无中断。航校的老师们认真钻研教学方法,将大家的航海经验交流总结,编成教材,让学生获得比较感性的认识,弥补无法出海实践的不足,从而提高了教学质量。内迁期间,该校航海专业共培养了300多位毕业生,战后成为我国航运界一支生力军,使集美航海学生闻名遐迩。

集美各所学校迁入安溪、大田等山区后,爱国师生更加满腔热血地进一步宣传抗日救国。1937年11月,师范、中学战时服务团歌咏队、演讲队各8支队伍175人,分赴安溪城内、城外、后垵、北石、参内、仙苑等地宣传。1939年3月29日,集美中学将安溪籍的225名学生组织成8支队伍,再次抵达安溪湖头、官桥、蓬莱、同美、参内、仙苑、后垵等地开展抗日宣传。至1940年,集美各校下乡宣传抗战的规模扩大到35支队伍,足迹遍及安溪、德化、永春、大田、永安、宁洋等6个县境。

集美各所学校组织了抗敌后援会,负责筹集救国金,印发宣传材料,后援会还组织了后援队,开展积粮、防空演习、抵制日货、消防训练等活动。为适应抗战的需要,学校还组织了各种社团活动,其中集美学校战时青年后方服务团是当时最活跃、最有影响力的全校性组织。集美小学组织了童子军,在教师的指导下,各科教材结合实际,实施了战时教学。许多学生受此影响,毕业后走上了救国救民的革命道路。

集美各校教师在课堂上理论联系实际,结合教材,结合抗战内容:如史地老师教授近代史和现代史时,就讲清朝的腐败,更讲日本侵华的罪行;音乐课的老师教唱抗战歌曲:"工农兵学商,一齐来救亡……";国文老师以诗文揭露侵略者的罪恶,激发同学们的民族意识和爱国热情,促成更多的青年加入抗日行列。

集美小学组织了儿童节约会,发动儿童废除零食;集美中学等各校发动学生节食储金。从 1938 年 4 月 15 日起,集美学校师生开展了"一日一分"认捐运动,利用集美学校的廿五、廿八周年校庆、纪念"七七"事变等活动,发动"献金购机"活动,鼓励海内外校友献金捐款,集美中学和集美职校还进行义卖捐款等,通过这些捐募活动,共募集各种支援抗日资金 62.24 万元,认购救国公债 5850 元。

集美各校先后发动捐款购机,支援抗战活动。集美中学高中、初中等全体教师,将学生"慰劳老师金"2292 元,转化成捐购"教师号"飞机的献金。集美中学初中部师生提倡"三机运动",献金 60 万元购得 3 架"集美学校号"飞机。集美小学师生捐款购买的"儿童号"飞机,捐款额居同安县第一位。

集美高中内迁南安诗山时,受到了当地群众的大力支持。有钱的出钱,用于修缮校舍;有力的出力,组织人手前往安溪帮助师生迁校。

集美高中的师生们,除了教学,还积极投入抗日斗争,自愿组织抗日救国宣传队,在课余时间到学校附近的街道、公共场所或人口密集的村落,开展各种形式的宣传,如演讲、教抗日歌曲、公演话剧等,激发群众对祖国的热爱,做好后援工作。

1938 年 5 月 13 日,日本侵略军霸占了厦门全岛,消息传来,集美联合中学师生们群情激昂,他们在"读书不忘救国"的精神感召下,组织了"集美剧团",又名"血花剧团",经常到各地乡村巡回演出和召开各种抗日救亡演讲会、时局座谈会、学术座谈会等。

在学校里,集美高中学生不定期地刊出抗日宣传墙报,着重揭露日寇惨无人道的"三光政策",宣传"国家兴亡,匹夫有责""抗日救国,不分男女老幼;保卫领土,不论南北东西"等。此外,一部分师生为保卫国家,弃笔从戎,报名从军。有的同学咬破手指头,写下"为国捐躯,不惜一切""不灭日寇,誓不还家"等誓言。出征之前,学校领导为从军的师生们授红绫披甲,全校师生为他们送行,诗山当地的群众也夹道欢送。有些师生在抗日疆场上献出了他们宝贵的生命。

1940年11月14日,陈嘉庚抵达有着"集美第二学村"美誉的大田,看望这里的莘莘学子,并做了《有枝才有花,有国才有家》的抗日救亡演讲。他的演讲慷慨激昂,犹如一股暖流注入师生们的心田,感人肺腑,催人奋进,培养了学生们"国家兴亡,匹夫有责"的爱国主义精神,在师生们的心海里播下了抗日救国的火种。受陈嘉庚激情演讲的影响,有86名学生当年就奔赴前线,走上抗日救亡的革命道路。

在陈嘉庚演讲之后,内迁大田的集美学校更加重视对师生的爱国主义教育,大力宣传曾在大田居住过的抗战英雄、"济南惨案"中壮烈殉国的蔡公时和籍贯大田的北平西山抗日游击队中队长林其蓁烈士的英雄事迹,点燃了师生的抗日救亡意志。正是在这种爱国热情的影响下,集美学校涌现出蒋光斗、陈树霖、陈悦周等一大批英烈。

在内迁的集美学校各校,中共党组织得到迅速发展,各支部除了组织抗日团体之外,还成立了抗日演讲队、歌咏队、戏剧团、宣传队,编辑出版《集美周报》《血花日报》《抗敌呼声》《抗敌漫画》《抗敌专号》《抗敌文艺》《长城》《民众壁报》《抗战半月刊》等刊物。党团员深入驻地乡村,开展各种形式的抗日救亡运动。

为了及时传播抗战的消息,集美学校创办了《血花日报》,这是学校最为出色的报纸。在该报的影响下,印尼侨生黎韦(原名陈永亭)、缅甸侨生胡明、马来亚侨生陈耕国等一批集美学校学生学成后离开学校,几经周折,奔赴抗日前线。

1945 年 4 月,中共泉州中心县委派遣由许集美任队长,成员由郑种植、施能鹤组成的挺进工作队,来到安溪恢复发展党的组织工作。6 月,恢复了中共集美学校支部,洪邃明担任书记,党员 6 人,不久又建立了中共新康支部,林文庆担任书记,党员 8 人。

第 三 节

嘉庚精神，心系祖国，振奋海外侨胞

1919 年，陈嘉庚当选新加坡福建会馆主席，成为新加坡华侨界核心领导人。1923 年，他创办《南洋商报》，号召抵制日货，在华侨社会产生很大的影响。

1928 年年初，日本为了阻止北伐军北上平津，借口保护侨民，派兵侵占山东青岛和胶济铁路沿线。5 月 3 日，日军开枪杀死杀伤了中国军民 7800 多人，公然杀害前往交涉的国民政府外交特派员蔡公时，制造了济南惨案。惨案的消息传到南洋，新加坡侨团立刻发起召开全侨大会，组织"山东惨祸筹赈会"，陈嘉庚被选为会长。他谴责日军暴行，号召侨胞捐助救济遭祸的灾民。他还在《南洋商报》上揭露日本军国主义的野蛮罪行。

1931 年"九一八"事变发生后，陈嘉庚以福建会馆主席的名义召开声讨日本的侨民大会，讨论对付日本的办法。大会决议通电国际联盟，要他们出面伸张正义，履行条约，保障和平。

1932 年 1 月 28 日，日军进攻上海，十九路军迎头痛击侵略者，海外华侨人心振奋，陈嘉庚积极筹款支援。1933 年 8 月，陈嘉庚在《南洋商报》发表《答客辩》一文，历数德、意、日的法西斯行径,相信公理终将战胜强权,日寇必将灭亡。1936 年,他致电陈济棠、李宗仁、白崇禧等地方军阀,指出"外侮日迫,万万不可内讧,敌人得陇望蜀,应共筹抵御,不可自生内战"。

1936 年 10 月 31 日是蒋介石 50 岁生日,由于受到正统观念的影响,陈嘉庚当时把御侮救亡的希望寄托在国民政府和蒋介石身上,他以新加坡马来亚"购机寿蒋会"主席的身份,共筹捐 130 余万元,汇交国民政府,大约可以购买 13 架飞机。蒋介石对此大加赞赏,令行政院长孔祥熙致电吉隆坡,对陈嘉庚及侨胞的热忱义举深表感谢。

无论是在新加坡还是在国内,只要是有益于抗战的各项活动和事业,不管有多大的危险或困难,陈嘉庚都诚心诚意地尽力给予支持。当他在新加坡听说上海《国民日报》因受到共产党的革命影响,积极主张和宣传抗日救国、极力反对和谈论和亡国论,他欣喜不已,当即决定每月支付 3000 元支持抗日的《国民日报》。

陈嘉庚虽然已经成为新加坡的华侨领袖,但在全球大萧条的冲击下和英国银行财团的打击下,他的公司只得在 1934 年惨淡收盘。生意上的失败并没有浇灭陈嘉庚为祖国、为当地社团服务的热情。他依然动员东南亚华侨奋起救国,为抗战筹集了大量的资金。

1937 年"七七"事变爆发,全面抗战开始。陈嘉庚奔走呼号,号召海外华人团结一致,形成一支强大的抗日力量。1938年10月10日，南洋华侨筹赈祖国难民总会（简称南侨总会）在新加坡成立。陈嘉庚在会上呼吁："愿我八百万侨胞，自今日起，充大精诚，固大团结，宏大力量，作我政府后盾，踊跃慷慨，加紧出钱出力，增强后方工作，贡献于国家。"在南侨总会成立大会上，他被推选为主席，名正言顺地确立了其华侨领袖的地位。

陈嘉庚高度称赞中国共产党倡导的抗日民族统一战线，对时任国民党副总裁的汪精卫公开鼓吹卖国求和的行径深恶痛绝。1938年10月28日，他以国民参政员的身份从新加坡致电重庆，提出"敌未出国之前言和即汉奸"的著名"十一字提案"，当时国民参政会议长正是汪精卫，电报给以汪精卫为首的投降派沉重的一击。著名的政治评论家邹韬奋高度评价这个提案，称其为"古今中外最伟大的提案"。

为了回击"和谈派"和"亡国论"的无耻谰言，慰问遭受苦难的同胞和浴血奋战的将士，鼓舞广大侨胞支援抗战的热情，陈嘉庚决定以南侨总会的名义组团回国慰劳视察。

1940年3月，陈嘉庚不顾年迈和疾病初愈，代表一千万海外华侨的抗日心愿，亲自率领东南亚华侨慰问团，回到烽火连天的祖国，奔波慰劳长达3个月。

陈嘉庚首先到达缅甸仰光，然后沿着滇缅公路到达重庆，国民党当局对陈嘉庚回国慰劳也非常重视，专门拨出招待经费，国民党中央组织部、海外部和政治部专门组织了招待委员会负责招待事宜,租订高级旅馆为慰问团住所。但这些行为不但没有博得陈嘉庚的好感,反而引起他的厌恶。他认为在抗战紧急时刻,绝不应该如此铺张浪费,再加上他所看到的国民党军政高官"前方吃紧,后方紧吃",呈现各种贪污腐败、消极抗日的现象,他大失所望,在政治上与国民党大大拉开了距离。

在陈嘉庚所率的慰劳团逗留重庆期间,八路军驻重庆办事处的董必武、叶剑英、林伯渠等人多次拜访他,诚挚地邀请他到延安参观访问。在此期间,叶剑英、林伯渠和邓颖超等人还邀请陈嘉庚参加中共办事处举办的茶会,双方进行了亲切友好的交流。陈嘉庚初步了解了中国共产党的全民抗日诚意,决定到延安实地考察。

中国共产党抓住陈嘉庚有意访问延安这个契机,不过没有组织专门的招待委员会,也无力拨出招待费,而是把真实的中共和延安呈现在他面前,展示了延安和中共的风采。

5 月 31 日,陈嘉庚一行冲破多重艰难险阻到了延安,当他们走下汽车时,只见公路两旁站满了欢迎的人群,他们高呼"欢迎陈嘉庚先生莅临延安!""向陈嘉庚先生致敬!""向海外爱国侨胞致敬!"等口号。中共要员吴玉章、高自立、萧劲光、王明、周士第及在延安的全体归侨、延安各界群众 5000 多人参加了欢迎会。

陈嘉庚抵达延安的第二天,毛泽东主席在杨家岭的窑洞会见了他,陈嘉庚仔细打量一番毛泽东身上的粗布灰军装，与在重庆所见的达官贵人的豪华宅邸和珠光宝气截然相反，鲜明的对比使他对这位共产党领袖产生了认同感。陈嘉庚代表南洋华侨向共产党、边区人民的艰苦抗战表示慰问，毛泽东也代表共产党和边区人民向陈嘉庚和南洋华侨对抗战的大力支持表示感谢。

陈嘉庚在延安与来自南洋的华侨青年座谈中，一再地问他们为什么要参加八路军、对共产党的看法如何等问题。这些青年则以自己的亲身经历，讲述了边区官兵一致、军民团结、干部廉洁、以身作则，共产党员吃苦在前、视死如归的革命情操，他为此感叹不已。他还与陕甘宁边区财政厅、公安厅、法院等单位来自福建的工作人员座谈；边区政府邀请一些党外民主人士和工商业者到他的住处晤谈，以便使他更多地了解各方面的实际情况。除了这些面对面的座谈交流外，陈嘉庚还参观了延安女子大学、抗日军政大学等学校。他高兴地得知鲁迅艺术学院、陕北公学、抗大、中央党校、马列学院、政法学院、青干校等学校都有不少华侨青年，对于延安一地就办起这么多学校，如此重视培养人才，是他没想到的。朱德总司令还陪同他到安塞兵工厂参观。

在延安期间，陈嘉庚的行动没有受到丝毫限制。他顺着城垣上山，俯瞰被日寇飞机轰炸成废墟的延安城区；他也到延河边漫步，观看男女自卫队员列队操练和练习投弹；也亲眼看到边区政府廉洁奉公、人民生活稳定，人们穿着朴素，男女平等，丝毫没有他在重庆所见到的各种恶习,孙中山所提倡的民主平等在延安得到了真正实行。

　　6月4日下午,毛泽东到陈嘉庚的住处看望了他,两人促膝交谈到深夜。毛泽东向他详细介绍了中共领导的军队抗击日军和根据地各方面的情况,阐述了中国共产党的各项政策,并强调了共产党同国民党合作抗日的诚意。

　　陈嘉庚的延安之行,看到了一个真实的中国共产党,过去的种种传闻和不实之词不攻自破。经过强烈的对比,他辗转回到福建,在厦门大学及集美学校同学会演讲时说:"祖国希望在哪里?在西北的延安。"他断言:延安共产党必胜!他深信延安是中华民族的希望,他的政治立场开始从国民党政府一边转到共产党一边。这是他政治生活中最具意义的转折点,事实也已证明这是一个有远见的决策。

　　之后,陈嘉庚发动海外华侨为抗战募捐,组织南侨机工回国抗日,他后来在印尼日占区坚持斗争,建立了不朽功勋,被毛泽东誉为"华侨旗帜,民族光辉"。

第 四 节

海外赤子,共赴国难,英烈世代传扬

"再会吧,南洋! 你椰子肥,豆蔻香,你受着自然的丰富的供养,但在帝国主义的剥削下,千百万被压迫者都闹着饥荒。再会吧,南洋! 你不见尸横着长白山,血流着黑龙江,这是中华民族的存亡。再会吧,南洋! 我们要去争取一线光明的希望。"这首由田汉、聂耳共同创作的《告别南洋》歌曲,讴歌了一支特殊的抗日队伍是如何离开东南亚各地,远赴我国西南边陲,浴血奋战在抗日疆场。

这一支特殊的抗日队伍就是南侨机工,它的全称是"南洋华侨机工回国服务团",是抗日战争时期从南洋各地回国支援抗战的华侨汽车司机和修理技术人员的通称。

1938年5月厦门沦陷,10月广州沦陷,至此我国沿海的所有海陆交通均被日寇切断,退守重庆的国民政府与外界联系的战略通道只剩下西南边疆,新开辟的滇缅公路也就成为运输国际援华物资的重要通道。当时国内急需大量技术娴熟的汽车司机和修理工,为了保证这条交通大动脉畅通无阻,1938年年底,国民政府军事委员会西南运输处致电南侨总会主席陈嘉庚,请求代为招募华侨机工回国，以解燃眉之急。

1939 年 2 月 7 日，华侨领袖陈嘉庚向全体南洋华侨发布通告，号召南洋全体侨胞："各尽所能，各竭所有，自策自鞭，自励自勉，踊跃慷慨，贡献于国家，使国家得籍吾人之血汗，一洗百年之奇耻，得籍吾人之物力，一报九世之深仇……号召年轻的华侨机工回国服务，拯救生死存亡的中华民族。"

通告发布后，仅短短半年，南洋各地前后共有 9 批 3200 名青壮年机工应征回国服务，抗击日寇保家卫国。至于那些无法回国参战的南洋各界华侨，就在陈嘉庚的号召下，纷纷捐款捐物，购买飞机、汽车支援祖国抗战。

南侨机工这支抗日战线的"特种兵"，在回国之前受过一段军训，虽然穿上军装但不授予军衔，只是佩戴着南侨机工回国服务荣誉纪念章的运输兵，他们怀着对祖国的崇敬热爱和誓死保卫祖国母亲的赤子之情，带着华侨领袖陈嘉庚和华侨父老的叮咛与嘱托，驾驶着南洋华侨和世界各同盟国捐赠的汽车，满载着世界各国的援华物资和军火，义无反顾、冲锋陷阵开赴祖国最需要的抗日战场，无论是隶属于国民党、共产党还是盟军，他们都任劳任怨、无怨无悔地听从祖国召唤。

海外儿女与祖国母亲始终充满血脉相连的情意。有位名叫白雪娇的南侨女机工，临行时留下的家书写道："亲爱的父母亲，此去虽然千山万水，未卜安危，但是，在祖国危难的时刻，正是青年奋发效力的时机。……自己能替祖国做点事，就觉得此生无负于祖国！"看似平凡的语言，却表达了所有南侨机工回国抗战的心声。

滇缅公路穿梭在崇山峻岭，道路艰险、迷雾重重、危机四伏，人们称之为"死亡公路"。南侨机工以血肉之躯，筑成了一条摧不毁的钢铁运输线，抢运了50万吨战略物资，彻底粉碎了日寇封锁我国的战略意图，为中国人民抗日战争和世界人民反法西斯战争的胜利做出了不可磨灭的贡献，用汗水、鲜血和生命谱写了海外中华儿女爱国主义的光辉篇章。

南侨机工在陈嘉庚的号召下，参加抗战的壮举，是近百年来华侨史上一次最为集中、最有组织、影响最为深远的爱国主义行动，凝聚着南洋，乃至世界各地的华侨华人热爱祖国、向往中华的亲情。这3000多名南侨机工中，就有1000多人因为疾病、车祸、战火而献出自己的宝贵生命，长眠在滇西山区。

在集美中学女中读书的归侨李林是一位巾帼英雄。她原名李翠英、李秀若，1915年生于福建龙溪，幼年被侨眷领养，侨居印度尼西亚，1929年回国，1931年进入集美学校读书。时值"九一八"事变爆发，她参加学校成立的集美抗日救国会，任学生自治会文书股长，积极投入抗日活动。1933年冬至1935年，她先后就读于杭州女中、上海爱国女中，积极参加抗日救亡运动，并加入中共外围组织"民族解放先锋队"。1935年，她当选为在上海爱国女中成立的救国会执委，并改名李林，积极投入声援北平

"一二·九"爱国运动。1936年春,加入中共外围组织"抗日救亡青年团",同年考入北平民国大学政治经济系,年底加入中国共产党。随即赴太原参加山西牺牲救国同盟会(牺盟会)举办的国民师范学校军政训练班,任特委宣传委员兼女子连党支部书记。

1937年卢沟桥事变后,她奔赴抗日前线,历任大同中心区委宣传部部长、雁北抗日游击队第八支队支队长兼政治主任、八路军第一二〇师独立支队骑兵营教导员、晋西北行政公署委员、第十一行政专员公署秘书主任等职。1940年4月25日,日伪军集中兵力对晋绥边区进行第9次"大扫荡"。晋绥边区特委、第十一行政公署机关和群众团体500余人被包围。李林为了掩护党政机关和群众转移,不顾怀有3个月的身孕,率领骑兵连勇猛冲杀,将日伪军引开,地委机关人员和群众数百人得以安全转移,李林却被围困。26日,她机智顽强地抵抗,击毙6名日寇,自己身负重伤,战马也中弹倒地。当敌寇从四面八方冲上来时,她从容刚毅地将最后一颗子弹射进自己的咽喉,壮烈殉国,年仅25岁。

集美学校的杰出校友李林同志牺牲后,党和人民给予高度评价。中共中央妇委迅速从延安发来唁电,号召全体共产党员和全国女同胞,为完成李林同志未竟事业更加奋勇杀敌,为李林同志和一切抗敌殉难烈士们报仇!位于山西省朔州市的李林烈士墓碑上镌刻着:"浩气贯洪涛,碧血染桑乾。忠勇报国志,永活在人间。"

集美学子当中还有一位巾帼英雄也是归侨,她就是陈康容烈士。陈康容原名陈亚莹、陈月容,祖籍永定县岐岭乡,1915年生于缅甸。1930年,她回国到集美学校读书,高中毕业后,考入厦门大学深造。她在厦大读书期间,参加了中国共产党。

1934年冬,中央红军长征北上抗日后,白色恐怖笼罩校园。她的安全受到了严重威胁,被迫离开厦门大学,再度返回缅甸,在仰光华侨女子初级中学任教,坚持在学校向学生传播抗日救国进步思想。1935年8月,她参加缅甸华侨进步青年组织的仰光青年学会,进行爱国、反蒋、抗日活动。全面抗战爆发后,她毅然决然告别了亲人,再度回到厦门,参加"中国妇女慰劳前方抗战将士总会厦门分会"和"厦门文化界抗敌后援会"工作,全身心投入抗日救亡运动。1937年11月,根据中共厦门市委指示,她回到龙岩参加中共闽粤赣边省委举办的抗日救亡干部训练班学习,并改名陈康容。

1938年春,闽西南红军游击队改编为新四军第二支队开赴苏皖前线抗日,国民党顽固派以为时机已到,不断制造事端迫害新四军家属和抗日志士,破坏团结抗日。陈康容受组织委派,以教师身份到老家永定岐岭开展地下工作,她以岐岭小学为阵地,建立"岐岭青年抗敌同志会"和"岐岭抗敌后援会",创办了妇女学校,组织抗日救亡剧团,使方圆几十里的抗日救亡运动轰轰烈烈地开展起来。

1940 年 8 月,陈康容不幸被国民党顽固派逮捕。最先提审她的是旧日的同学,保安团营长张耀轩。张耀轩软硬兼施,要她说出共产党地下组织的情况,并要求她嫁给他,遭到陈康容的严词拒绝。接着,保安团团长谭嗣新又亲自诱降,也遭陈康容拒绝。敌人劝降遭拒后,一连三个晚上把她吊起来毒打,鲜血把衣服都粘住了,但她仍坚贞不屈。陈康容知道敌人不会放过她,于是就利用敌人要她写悔过书的纸和笔写下了一首狱中诗:"青春价无比,团聚何须提。为了伸正义,岂惧剥重皮!"

1940 年 9 月 17 日,陈康容英勇就义,牺牲时年仅 25 岁。1944 年,中共闽粤赣边省委在永定金丰大山彭坑成立"康容支队",以纪念这位宁死不屈的女英雄。康容支队在陈康容不怕牺牲的大无畏革命精神鼓舞下,队伍不断发展壮大,活跃在金丰群山,驰骋于汀江之畔,坚持反对国民党顽固派的自卫斗争,一直战斗到抗战胜利和全国解放。

第 四 章

解放战争时期

第 一 节

坚持斗争，发展党员，扩大党组织

抗日战争胜利后，集美学校的党团员也随着学校重返集美，积极开展活动，集美的中共地下党组织在争取和平、民主和解放的斗争中得到恢复和发展。

1945年8月，中共党员洪邃明来到集美学校图书馆工作，他利用图书管理员的公开身份和自己的工作特点，随时观察师生的思想倾向，推荐进步书刊，秘密发展党员，以图书馆为中心，领导学校开展革命活动。他介绍了许新识和叶振明参加闽中地下党并成立了党小组。

9月，中共泉州中心县委特派员许集美从安溪首批返回集美的师生中发展了多名党员。在允恭楼成立集美高级水产航海学校（简称高水）和集美省立水产职业学校（简称省水）支部，支书为许新识，组织委员为林文庆。

1946年2月，中共闽中集美学校工作委员会在集美学校图书馆（博文楼）成立，洪邃明任工委书记，许新识任工委副书记。下设高水和省水党支部、集美高中党支部、集美女生党支部。中共集美学校工委隶属中共泉州中心县委，4月改属中共厦门工委（隶属中共闽浙赣边区委员会，简称闽中）。中共集美高水和省水党支部设在允恭楼。由于党员人数迅速增加,1946 年 2 月,中共高水和省水党支部拆分为集美高水党支部和集美省水党支部。中共集美学校工委副书记许新识兼任高水党支部书记。

不久,许集美调任中共厦门市工委书记,7 月任中共闽中地委委员兼泉州中心县委书记。根据许集美临走前的指示,1946 年 7 月林文庆到后溪开展工作,后溪镇和灌口镇很快就成为中共金(门)南(安)同(安)工委及游击队根据地。黄竹禄任中共南同县工委书记,许永炯任中共金南同县工委书记。1947 年 11 月,黄竹禄在南安不幸被捕,在狱中历经折磨,坚贞不屈,1948 年 7 月英勇就义。

1946 年 12 月,洪邃明因政治色彩暴露,不得不离开集美,到上海接受新的任务。庄建国继任中共集美学校工委书记,工委委员陈逸和兼高水支部书记,杨竹志兼集美中学(简称集中)支部书记,吴秀云兼任集美女生支部书记。

1947 年 6 月,庄建国离开集美学校,杨竹志接任工委书记,工委委员林恢成兼集美高中支部书记,白开新兼高水支部书记,叶亚伟兼任集美女生支部书记。中共闽中工委集美高级商业学校(简称高商)党支部在尚忠楼成立,陈芳泽任支部书记。后来,王水泊接任支部书记,党组织进一步扩大,发展陈朱明、陈德祥、陈水泰、陈少斌、陈顺言等人入党。

1948 年 1 月,林文庆任省水党支部书记,白文爽接任高水党支部书记。集美高中党支部设在集美小学瀹智楼,代理书记梁枚火,代理组织委员杨竹志,代理宣传委员黄欣生。集美女生党支部设在集美小学约礼楼,支部书记高景春,叶玉惠为组织委员,吴秀云为宣传委员。

1948年7月,地下党员刘崇基任集美高水校长,负责市工委与集美学校工委的联系工作。9月,中共泉州中心县委工委指派陈钟馨负责集美学校工委地下交通站。

1949年1月,杨竹志、白文爽、陈芳泽毕业离校,林恢成任中共集美学校工委书记兼集美高中党支部书记,胡瑶浦任副书记。工委委员陈湘陶兼高水党支部书记,工委委员叶亚伟兼女生部支部书记,工委委员周贤文兼高商支部书记。

2月,中共集美学校工委改为党总支,骆朝宗任总支书记。3月,周贤文和陈湘陶离校,分别由王水泊和陈源琛接任。5月,骆朝宗离校,段德龙接任总支书记。5月28日,段德龙离校,多数党员奔赴游击区,总支改支部,书记陈朱明,委员陈流、尤珊美。6月,经中心县委同意,集美学校支部改隶中共同安县新三区工委领导,工委总部移至后溪镇西井村,后迁入城内仁德小学。闽中地下党在集美3年中先后发展近百名党员,一大批团员。

解放战争时期,中国共产党在集美除了闽中地下党之外,还有一个闽西南地下党组织。中共闽粤赣边区委员会(简称闽西南)所辖的安(溪)南(安)同(安)县工委在集美学校发展党员,建立组织。

1948年,中共安南同边区党组织派遣林金狮到集美学校开展工作。7月,林金狮调到安溪山区参加革命武装斗争。8月,隶属闽西南边委中共厦门临时工作委员会派遣方庆实、陈洪元分别到集美高中和集美高商任教,并建立党小组。9月,中共同安初中支部的丘一平(刘庆成)、王永炉(石德明)、曾康寿(黄智旭)三位党员升入集美中学念书,成立另一个党小组。这两个党小组在互不联系、互不了解的情况下,分别秘密开展工作,团结了一大批思想进步、要求革命、在群众中有一定影响的教师和同学,组织他们学习马列主义思想和中共党章,为扩大党的组织,壮大革命队伍奠定了基础。

1947年1月,隶属中共闽中工委的集美省水党支部书记林文庆在后溪镇洪村社发展王建智、张尚武、张明磅、张倭对等人入党。4月,在王天赐医生的存德医院和城内仁德小学建立地下交通站,王天赐任后溪交通站站长。交通站的主要工作是收集国民党党政军活动情报,秘密传送党的文件和宣传材料,保护地下党员和党的工作者,筹集资金、枪支弹药和粮草等。王天赐公开身份是仁德小学董事长,他还利用自家诊所,以医生身份为掩护,秘密联系党组织和党员群众,积极开展革命活动。后溪交通站利用浦边王氏祖祠地处农田中间较为隐蔽的特点,经常召集地下党员在此碰头联络,开展革命活动。

1947年6月至8月,中共金(门)同(安)县工委书记林文庆、县工委委员叶玉惠在西井社发展林孝国等11人入党,建立了西井支部,林孝国担任书记;并成立游击队,队长陈婴,队员40人,积极开展策反工作。10月,在林文庆介绍下,王天赐加入党组织。同时,林文庆在珩山崎沟社发展党员,吸收同学王来成入党,王来成胞弟王利元入党后又在周边村社发展一批革命群众入党,并于1948年夏组建中共崎沟支部,书记王利元,有党员7人,并组织有20余人的游击队,王来成任队长,积极开展游击战争,震慑了国民党的地方势力。

1948年4月,经林文庆介绍并批准,珩山小学校长王建中秘密加入共产党,为便于从事地下工作,其公开身份是同安县参议员。

此外,1948年7月,集美高级水产航海学校校长、共产党员刘崇基,携带中共厦门市工委书记刘双恩的介绍信赴上海,由上海海关地下党员王兆勋联系聘请教师。所聘请的教师中陈嬗忱、刘婉芹、陈锡良、周尊礼为共产党员,建立党小组,陈嬗忱任组长。这个党小组与上海教委系统女中区委施秀珍直接联系,未与集美的党组织发生关系。1949年5月27日上海解放后,这个党小组绕道香港返回上海。

集美党组织遵照党中央关于在敌后组织游击战争,配合解放军南下,加速解放全中国的指示,动员了大批青年革命知识分子下乡与农民相结合,在安(溪)南(安)永(春)地区组织农民反"三征"斗争和开展游击战争。

　　由于大批党团员奔赴游击区,留在集美学村的党团员人数减少。1949年2月,经中共厦门临时工作委员会批准,集美高中党支部和集美女生党支部合并成立中共集美学校党支部,书记方庆实,组织委员王永炉,宣传委员丘一平。

　　3月,党支部根据上级指示,成立闽西南新民主主义青年联盟,发展成员近百人。同月,中共闽西南集美高商支部成立,支书陈洪元,组织委员张清泉,宣传委员杨流星。4月,王永炉调离,丘一平任组织委员,陈毅中任宣传委员。支部成立后,发展党员20余人。青年联盟中符合条件者,均转为中国新民主主义青年团闽西南集美总支团员,方庆实兼任总支书记,下设分支,党团员合编,分支负责人有龚蚌生、黄奕世、陈洪元、吴家修、杨流星、陈毅中、李玉水等人,党团员遍及集高、高商、高水和鼓浪屿的英华中学。

　　1949年7月,中共闽西南同安工委在后溪组建共青团总支,下辖城内、珩山、锦宅等6个团小组。8月,后溪团支部升格为中共闽西南灌口共青团总支,下辖潘涂、后溪、灌口3个团支部。团总支的联络站设在后溪街的恒春油坊里。1949年,中共闽中同安县新三区工委及工作队总部在仁德小学(现为城内小学)成立。

第 二 节

反美反蒋,游行示威,奔赴游击区

集美学校是福建规模最大的中等学校和中等技术学校,国民党反动派集中相当大的力量,控制着集美学校,企图奴化青年,变集美为反动堡垒。但是,由于中共地下党组织在集美长期不断地坚持工作,团结和教育了一大批进步青年,发展了组织,在学生当中产生广泛的影响。

集美学校的中共闽浙赣(闽中)和闽粤赣(闽西南)两个地下党组织密切配合,并肩战斗,发起了一个又一个反美反蒋的学生爱国运动,锤炼了无数革命青年。由中共党员起骨干作用的集美学联多次发起抗议学潮,积极配合人民解放战争。集美的中共地下党组织培养许多革命青年参加各地的革命活动。

1946年12月,为抗议美军士兵在北平强奸我国女大学生,全国各地掀起了声势浩大的学生运动,集美学校的学生也在中共党组织的领导下,掀起大规模反美游行示威和集会。同学们沿途高呼口号、散发传单,张贴标语,向社会大众揭露美军暴行,强烈要求美军撤出我国领土,反对蒋介石政府的媚外政策和美帝的侵华罪行。同学们在集会中公开支持校主陈嘉庚当年9月11日致电美国总统杜鲁门的行为,该电文要求美国"不再援助蒋政府,以使中国内战得以终止,人民痛苦可以减少",再一次表达对陈嘉庚反对美国支持蒋介石打内战的声援。

1947年10月,国民党反动派在杭州杀害浙江大学学生会主席于子三。这时,集美学校也有个别师生公开污蔑于子三,有的人攻击共产党领导人民反美反蒋的正义斗争,有的人暗中侦察进步同学的读物。中共闽中集美学校工委书记杨竹志的宿舍和课桌也被搜查。

杨竹志认识到,必须坚决回击反革命的嚣张气焰,立即指示集美学校各个党支部,结合各校实际情况,发动一场"反迫害、争民主"的反美反蒋爱国运动,集美的学生不仅在校园内抗议示威,还组织队伍到厦门城区和同安城乡游行示威。

1948年5月下旬,中共闽中集美学校工委召开秘密会议,提出加强党对学校的领导,尤其是对学生爱国民主运动的领导。工委会书记杨竹志主持会议,高水党支部书记白文爽、高中党支部书记林恢成、女生党支部书记叶亚伟、高商党支部书记陈芳泽,还有直接由市工委领导与集美联络的地下党员,集美高水训导主任刘崇基等人出席了会议。大会根据上级的指示精神和集美学校的实际状况,制定了具体方案,部署在集美各校开展"反美扶日"运动。

1949年2月,中共集美学校党支部成立,更加有组织地在广大职工师生中开展宣传活动,教育启发师生的革命自觉性,扩大党的影响,壮大革命队伍。

党支部秘密翻印了毛泽东所著的《中国革命和中国共产党》《新民主主义论》《论联合政府》和其他文件,在进步师生当中秘密传阅。党员们努力办好各校各班级的墙报,发表《血花》《集商学生》《热流》等有进步倾向的文章,揭露反动当局的罪恶。校园里传唱着《你是灯塔》《团结就是力量》等革命歌曲。集美学校还有高商组织的洪澎文艺社,高中组织的辛垦社等以读书为掩护,实则宣传革命思想和形势报告的进步团体。

为了更好地团结同学,党支部针对金圆券大贬值的状况,指示高中的党员成立服务社,自己集资、采购、售货,以略低于外面市场价格,向全校同学供应日常生活用品和学习用品,这一举措深受同学们欢迎,密切了党员和广大同学的联系。

教师党员积极利用合法的讲坛传播革命真理。担任中共泉州工委宣传委员的龚蚌生老师利用地理课,应同学的要求讲解了当前国际形势和国内内战形势。他以班主任的身份,细致深入地向学生开展革命教育,并取得明显效果,为支部发展了许多党员和团员。

1949年4月1日,南京11所大专学校学生6000多人举行游行示威,要求国民党政府接受中国共产党主席毛泽东针对蒋介石的求和声明所发表的关于时局的声明,要求在中共提出的八项条件的基础上进行和平谈判。但是,国民党南京卫戍司令在蒋介石的幕后授意下,指挥

军警镇压,行凶殴打学生,制造了"四一"惨案,引起社会
各界公愤。

　　消息传来,集美学生义愤填膺。中共集美学校党支
部紧急决定:在集美全学区发动罢课3天,要求党团员立
即行动。4月11日,集美学联举行大会,抗议国民党反
动派镇压革命师生的残暴行径,提出伸张正义的严正要
求。高中27组在班长、印尼侨生王镇辉的主持下,全班
通过罢课决定,并建议学生自治会开会讨论,很快得到全
班的响应,高中自治会主席洪汉杰主持各班代表开会,决
定全校罢课3天,并举行集会游行,以示强烈抗议。当
晚,高商自治会在主席吴家修的主持下立即响应,水产、
航海学校的罢课得到闽中地下党员、校长刘松志(原名刘
崇基)的支持,初中也立即响应。次日,集美各校都开始
为期3天的罢课。

　　罢课的第一天,同学们高唱《团结就是力量》等革命
歌曲,中学、商校、水产分别举行抗议当局暴行的集会,多
名同学登台演讲,会后印发传单。第二天,一部分学生到
同安县城游行,向广大群众进行宣传;大部分去灌口镇,
沿乡游行和宣传,揭露国民党当局假和谈、蒋介石假下台
的阴谋,发动广大农民抵制反动政府的征丁、征粮、征税。
游行中,同学们高呼"向校主学习"的口号,既表达对陈嘉
庚爱国办学的尊敬,也是对他疾恶如仇,痛斥蒋介石,拥
护共产党、准备去解放区参加新政协的衷心支持。

　　中共集美党组织发动的这些学潮有力地配合了人民

解放战争,动摇了国民党政权在集美地区的统治。通过这几场斗争,扩大了中国共产党在学生队伍中的影响,学校图书馆上百册革命书刊和报纸被借阅一空,大批学生加入共青团组织。

从1946年起,闽中、闽西南党组织通过在集美学校发动历次学生运动,培养和锻炼了许多人才,积极发展党团员,促进无数的集美革命青年知识分子参加各地革命活动。特别是从1949年年初起,党组织先后秘密输送了大批学生党团员、进步青年,分赴闽南各县游击区,扩大了游击队伍,有力支持了农村游击战争,配合解放大军解放闽南各地。

1949年2月,中共泉州中心县委做出了《关于开展武装斗争的紧急任务的决定》,扩大革命武装,在闽南地区更广泛地开展游击战争。

3月,中共闽中厦门市工委传达上级指示,发动大批进步青年到游击区去,参加游击队,配合解放闽南各地的战斗。闽中集美总支书记骆朝宗在会议上向各党支部传达部署上级的决定,4月至5月上旬,先后秘密亲率两批党员骨干林恢成、王水泊、洪汉杰、胡瑶浦、郭永康、邹茂盛、胡岚等30人到泉州中心县委工作团部,分配到晋江专署所辖的各县游击区。5月28日学期结束前后,又有数以百计的学生党员、革命青年纷纷离校、离乡,奔赴晋江、南安、惠安、同安、安溪,以及永春、德化、大田等地的农村游击区,参加当地的武装斗争和各种革命活动。

　　1949 年 5 月中旬,闽西南地下党组织遵照厦门临时工委的指示,根据形势发展的需要,决定党支委分批带领党员及积极分子,由交通员带入游击区参加武装斗争。

　　为此,中共闽西南地下党组织还建立集美交通站,作为厦门市临时工委与安溪游击总部的中转站,由王镇辉秘密联系尚未与组织接上关系的各方面同志。党支部派龚蚌生、吴瑞忠等人到泉州开展工作,派李玉水、林超群等人到南安开展工作,安排黄奕世、施应麟等人领导在厦门和集美的党团员和革命群众,继续坚持斗争。闽西南地下党将 70 名年轻党员和进步学生输送到泉州、南安和安溪及闽粤赣边纵队八支队工作,丘一平、方庆实、王永炉等多人成为游击队的骨干,他们投身 7 个县的游击区,积极配合南下大军解放闽南。

　　在集美学村为革命输送的大批学生党团员、进步青年当中,著名的有后来担任广州美术学院院长、木刻画家胡一川,后来担任江苏省军区司令员的林有声将军和创作话剧剧本《兵临城下》的著名作家白刃(原名王寄生)。

　　集美学校师生在解放战争期间,参加中共闽中工委和中共闽西南工委领导的各地游击区,及投入各种革命活动的有数百人,人数之多居福建各大中学校之首,这是集美学校师生对中国民主革命的一大贡献。

第 三 节

营救同志,统战策反,配合解放军

解放战争打响后,闽南各地的游击队也活跃起来,多次主动出击敌人,有力地配合了解放大军的正面作战。中共同安工委决定通过各个交通站,将集美支部的党团员陆续转移到山区参加游击战斗。

到了 1949 年 5 月下旬,集美学校党支部成员和大部分党团员已经进入游击区,仍留下一小部分党团员坚持斗争直至集美解放。他们刚开始成立团支部,由王镇辉任团支部书记。5 月 28 日,中共集美学校党总支改为党支部,书记陈朱明,直属中共厦门市临时工委领导。

在这黎明前的黑暗时期,团支部坚持斗争,坚持宣传、教育和发动同学的工作,并在条件成熟的时候及时吸收他们入团。这一时期发展了郑义源、陈耿超、黄明德、林希明、林玉莲、李振昌等同学加入共青团。

团支部还负责中共厦门市临时工委与晋江、惠安、南安、同安等地的同志联系,及时传达市临工委的指示。同时继续向游击区输送人员,经市临工委的同意,由颜中艺将吴超(吴裕敦)、曾政(曾炳鸿)、陈中群、张亮等同志带到永春游击区。由王镇辉送归侨革命知识青年陈扬琪、宋微明、曹学敏等人去惠安工作，准备开辟新的解放区。

团支部利用原来党支部留下的革命图书，在集美大社、孙厝一带继续开展组织学习活动。6 月，当他们闻知永（春）德（化）漳（平）游击区缺乏药品时，同志们立刻捐款购买游击区急需的药品，由吴瑞忠送到目的地。

1949 年 8 月下旬，根据厦门临时工委的决定，王镇辉由集美调到泉州工作，加入由许昭明、龚蚌生、庄炳章领导的泉州临时工委。留下的党团员由黄奕世领导。

早在 1946 年，中共金（门）同（安）县工委书记林文庆在集美岑头街 84 号建立地下交通站，发展了施牡丹、林九娘和林孝勇为党员，林九娘为站长。另一处中共地下交通站设在集美码头益美碾米厂，当时益美碾米厂会计陈顺言是中共地下党员。两个地下交通站都在掩护厦门岛内地下党员在白色恐怖期间安全撤离做了大量工作。

1949 年 5 月，益美碾米厂交通站的同志护送了中共集美学校工委高水支部白金泉和刘崇基两批地下党员离开厦门，转往香港，并接受党交给的重要任务。

8 月 17 日，福州解放，解放大军迅速挺进闽南。军统特务头目、厦门警备司令毛森大规模血腥镇压地下党、团员和革命群众。中共厦门工委将在厦门岛内已经暴露色彩的地下党员、革命干部秘密转移到益美碾米厂交通站，陈顺言再联系革命群众王合春、陈宪大、陈乌亮，帮助这些党员同志安全撤离到同安新三区的游击队。

1949 年 6 月，中共同安县工委（闽中）下辖的中共新三区工委及其工作队成立。其总部起初设在西井,后迁入仁德小学交通站。

陈明贤担任中共新三区工委书记,陈国良、王建智、张尚武、陈淑琴为委员。新三区辖东起同安洪霞,西至角尾、新埃等 8 个片区。新三区工委成立后积极开展革命工作,他们领导原属于厦门市工委的集美学校党支部党员,参加游击战争,发动进步学生到新三区工作队参加革命,还扩大了地方革命武装,改游击队为护乡队,队员达 4 个中队,人数超过 300 人。他们还发动群众筹粮筹草,抢修公路桥梁,迎接解放。同时抗击国民党军警的清乡行动,他们张贴革命标语,组织群众反"三征",深入敌占区收集情报。集美临解放之前,他们策反了国民党县乡保人员,分化瓦解了国民党保安团和武装土匪。

1949 年 8 月底,厦门岛处在白色恐怖之下,为保护党的干部力量,中共闽中厦门市工委命令王毅林、周乔林等几十位同志转移到后溪交通站,由王天赐安置在家中和仁德小学、埔边祖厝,直到 9 月 23 日集美解放。

此后,后溪交通站的党员发动群众将国民党军队拆毁的坂头石桥修通起来,同时奉命在 5 个小时内筹集 800 担粮食给解放军,为解放军进军厦门岛做出积极的贡献。

8 月间,有一个班的国民党士兵步行到后溪派粮催款,中共新三区工委指示珩山小学校长、共产党员王建中设法留敌过夜,以便歼灭。但是,敌人心存疑惑,既不肯过夜,又不愿意从原路返回,怕遭游击队伏击,要求王建中派船载他们从水路返回集美。王建中即派两名革命群众,暗示他们相机行事,不料船只在杏林湾时因风浪太大而翻覆,11 名敌兵溺亡,2 名革命群众在与敌人搏斗中牺牲。

1949 年 7 月 1 日至 3 日,中共同安县工委在集美大社的文确楼召开党员和革命青年学生会议,传达上级党委指示,动员与会同志到游击区工作。会后,大家分头按计划行动,参加游击队从事武装斗争,为集美和厦门的解放做出重要贡献。

9 月初,高商党支部书记王水泊接受泉州团队政治处委派,通过中共厦门市工委李永裕的介绍,与共产党员陈流一起到东安小学,找到了国民党少将、民革成员张圣才,从他那里获得了有关厦门岛的重要军事情报。王水泊立即将情报交给上级领导。

随着人民解放战争的节节胜利,国统区的爱国民主运动日渐高涨,越来越多的国民党军政人员也在考虑自己的后路。中共集美党支部和团组织抓住这一有利时机,积极开展统战工作,加速瓦解国民党反动派在集美的统治基础。

灌口团总支隶属中共闽粤赣边区(闽西南)委员会,下辖后溪、潘涂和灌口 3 个团支部。团员大部分是集美学校学生和小学教师。他们联系和团结广大群众,宣传党的方针政策,分化瓦解敌人,为解放军带路,筹集粮草,组织革命武装,帮助解放军抢修公路,配合剿匪斗争,为解放同安和集美做出重要贡献。灌口团支书苏朱发带领团员及时印发中国人民解放军布告,通过各种渠道向国民党的乡镇公所人员和地方士绅开展统战工作。

1948年8月初,灌口团总支派黄启文、陈石森来到灌口商会会长陈大珍的家,去做他的思想工作。他俩向陈大珍讲明了中国共产党的政策,分析了当前形势,剖析利害关系,劝说他当机立断,做好思想准备,以实际行动戴罪立功。

经过多次接触教育,陈大珍的思想有了明显转变,经常向地下党团组织汇报敌人的活动情况。有一次灌口团支部在苏朱发家里召开会议,被特务盯梢发现,即向国民党的灌口驻军告密。敌军营长到灌口商会探询情况,陈大珍一面备酒菜与敌营长周旋,一面派商会通讯员苏马宽通知苏朱发迅速转移,从而保护了中共地下党员的安全。

1949年8月底,解放军第三十一军侦察连进驻灌口镇与长泰县交界的大岭村。灌口团支部及时与侦察连取得联系,当获知解放军的后勤供应出现困难时,苏朱发和陈石森立即找到陈大珍。于是,陈大珍以商会名义向大户商人筹募了两批大米,还有猪肉、油盐、蔬菜等食品,由游击队分队长陈仔细带领队员秘密送往大岭村解放军驻地。

9月14日,集美的西大门灌口镇和平解放。这一天,灌口团总支就在大街上设立粮草供应站,夜以继日地办理粮食筹借和大军过境的粮草供应工作,陈大珍立即捐献粮食 5000 斤,捐出木材 3 万立方米,资助解放军抢修公路桥梁,他还要求灌口商会所有会员必须积极保证解放军的给养。

9 月 21 日,解放厦门岛的战役打响,此前中共集美党组织成立了支前指挥部,积极为解放军筹集粮草和渔船。革命群众陈乌亮带领两位民运干部到鼎美村,看见当地豪绅胡宜鸿带上细软准备逃跑。陈乌亮他们当即宣传党的政策,要求胡宜鸿留下来,帮助解放军做好后勤保障工作,以便将功赎罪。胡宜鸿受到政策感召,当即表示愿意捐献大米 600 斤。然后,他再发动乡民为解放军捐献物资,不到半天,共筹集了 10800 多斤粮食和大批柴草。

中华人民共和国成立后,陈大珍继续担任灌口商会会长。胡宜鸿改过自新后,被新生的人民政府安排到泉州专署学习 3 个月,然后回乡务农,安享晚年。这些事实充分说明了中国共产党统一战线政策的伟大。

第 四 节

保护学村,解放集美,迎接新中国

1949年9月21日这一天,陈嘉庚先生在北平出席了中国人民政治协商会议第一届全体会议开幕式,同时,中国人民解放军二十九军八十五师二五三团打响了解放集美的第一枪。

闽粤边区游击队积极发动群众支援解放军,为集美和厦门解放做出了突出贡献。先期到达的解放军驻扎在西井村(现前进村)、崎沟村一带。

但是,国民党军队驻守集美期间,加紧构筑防御工事,妄图固守集美以便守卫厦门。国民党军在集美学村以北直至周边村庄,精心布置了三道防线,企图达到抗拒解放军挺进的目的。同时,集美学村内还有炮兵阵地,在高层校舍和民宅都架设轻重机枪火力点,妄图以所谓全方位工事,密集火力,摆开负隅顽抗的战场。

当一场鏖战即将铺开的关键时刻,八十五师师部向二五三团传达了中共中央军委副主席周恩来的指示:"集美学校是爱国华侨领袖陈嘉庚先生创办的,我军在解放集美时,要尽力妥善保护,要严防破坏。宁可多流血,也要避免使用火炮。"团长徐博、团政委陈利华立即召开党委会研究,一致认为:"周副主席的指示就是命令,体现了党的侨务政策和文化政策,我们一定要坚决执行中央军委的指示,宁愿部队伤亡,也一定要保护好具有悠久历史,享誉海内外的集美学校。"团党委郑重宣布,部队在战斗中禁止使用火炮、炸药包和火箭筒、机枪之类的重武器使用也要严格使用,不能损坏集美校园的一砖一瓦。决定由团政治处主任张茂勋具体负责,落实保护集美学校的任务。

22日下午4点,总攻开始。起初校园里没有丝毫动静,可是等到解放军冲到跟前时,困守建筑内的枪炮就突然响了起来,十几个战士中弹倒地。

一营长沙杰在机枪阵地上指导射击。机炮连有十多挺轻重机关枪,大大小小的机枪子弹摆了四五十箱,可射击角度却只有窄窄的一条线,机枪手冯治才试着扫了两梭子,一不留神"哗啦啦"打坏了一排窗户,负责监督纪律的参谋和干事立刻就喊"停火"。我军束手束脚,敌人却肆无忌惮。一营的几个干部正琢磨着怎么展开掩护火力,敌人的迫击炮先就打了过来,机枪阵地被毁,重机枪排排长罗大民当场牺牲,沙杰营长也被一块弹片砸在背上负了重伤。炮排排长顿时红了眼,架起迫击炮想要还击,教导员李克成立即制止。

在集美学村的大门前,腿部中弹的一营副教导员张仁贵倒在地上,副营长杜伯林被敌人的火力压得爬不起来,他们身边横七竖八地躺着几位战士,有的还在呻吟,有的已经牺牲,卫生员胡庭荃也在一线抢救受伤战友时牺牲。自从总攻令发起之后,一营已连续发起多次突击,可每次都冲不进集美学校的门口,大家只好回头喊:"这边不行,换个地方打!"

李克成回到阵地后把几个连长招呼到跟前商量,决定从正面发起冲锋。晚上7时,攻击的命令再次发出,一营的官兵奋不顾身向前冲击。奇怪的是,原本火力凶猛的正门据点这次只稀稀拉拉地响了几枪,突击队员除了踩响两颗地雷,几乎没费多大力气就占领先前屡攻不克的堡垒。原来,先前李克成教导员去指挥部"越级上告"打电话的时候,一营的其他干部也就东跑西跑的去寻找可以"换个地方"的新战场,这情形全被国民党兵看见了。敌人不知道解放军的上级领导居然会不同意攻击部队拆掉围墙,但敌军营长的心里明白:仅凭着手下的这点人马,一旦遭到解放军的侧翼穿插,很快就会被分割消灭掉。所以他命令防守正门的部队往回收缩,把主要兵力都摆在校园内的几个核心据点上,企图集中力量负隅顽抗,争取时间等待援军的到来。

二五三团一营吃了个空城计,一时间还搞不清应该沮丧还是高兴。不过,既然已经突破了敌人的防线,就必须立刻向纵深要害穿插,这是解放军历来的战术传统。一声令下,攻破大门的队伍又继续向南追击,战士们奋力冲锋,没过多久就冲进一片梯形的开阔地。

这片梯形区域的三面全是水潭,水网的对面是几幢高楼,还没等战士们弄明白周围的环境,那高楼的窗户里就突然射出了密集的弹雨,来自居仁楼、尚勇楼和瀹智楼的交叉火力当即就覆盖了在开阔地上狂奔猛跑的人群。一营被这令人头疼的要塞挡住了。

枪声刚响,教导员李克成就知道中了埋伏,这时候的他并不打算撤退,反而挥舞着手枪更快地奔向了居仁楼:"同志们冲啊! 勇敢向前,和敌人近战!"战士们蜂拥而上,可是战场的环境破灭了大家近战肉搏的幻想。居仁楼的前面有一道 10 米宽的水壕,夜里黑漆漆的看不清积水的深浅,有些不习水性的战士不幸溺亡。水壕上架着一座小石桥,可是桥面在敌军火力控制之下,枪弹像泼水一样的洒向这里,在石桥上,每前进一步都要付出生命的代价。

三连是最靠近小桥的连队,他们冲击桥面的次数最多,伤亡也就最大。连长凌锡甫的腹部中弹,牺牲在桥的中间。指导员郑涤寰踩中地雷牺牲。几番冲杀之后,全连军事干部只剩下一位排长、政工干部只剩下一位文书。

在掩护一营突击队进攻中,机炮连管理排长林春成被炮弹击中牺牲。一营的战士跑到辎重队领取炸药包,张茂勋闻讯之后吓了一跳,赶紧命令他们退出战斗,如果任凭着这帮血性汉子放开手脚蛮干,非得把这集美学村轰平了不可。

张茂勋命令三营接替一营投入战场,二营长王开德也带着四连赶来参加攻坚。经过了先前的失利,干部战士们的态度都严肃了许多。在进攻集美的战斗中虽然不允许使用火炮和炸药包,但为了更快地争取胜利,机枪和手榴弹还是应该用的,只是必须十分慎重才行。

侦察参谋蔡志敬带来情报:位于防御圈正中的居仁楼是二层的砖石建筑,驻扎两个排,有机枪六挺;西边的尚勇楼和东边的瀹智楼各驻扎一个排,配两挺机枪。三幢楼房的前后都有水壕,但尚勇楼后面的池水最浅、水面也比较窄,完全可以涉渡。

得知这个情况,指挥部立刻决定首先攻占尚勇楼,打掉敌人的侧翼再向中心发展。突击的任务交给了二营四连。吸取先前的教训,四连在实施攻击之前做了充分的准备。

凌晨四五时,集美校园里军号大作,几驾马车拖着些乱七八糟的东西向居仁楼冲去,那骡马的眼睛是被蒙住的,跑着跑着就掉进水塘里去了,不过这一番动静惹得据点里的守军大为慌张,几乎所有的人都涌到了正面的窗口前,机枪步枪全都冲着骡马猛烈开火。就在这个关键时刻,二营四连从尚勇楼的背后发动袭击。尖兵班趁着夜色埋伏在阵地前沿,战斗一打响,他们就用手榴弹引爆了布设在据点前的地雷。还没等爆炸声平息下来,战士们就在连长温绍荣的率领下冲过水壕,杀进了大楼。

一楼的守兵很快就被攻克了,但残存的敌人却又控制了通往二楼的楼梯。李学先副连长的个子小,他夹住一根竹竿的前端,几位大个子在后头一撑,直接就把他送上了二楼。其他战士纷纷照此办理,有的挂在空中丢手榴弹、扫冲锋枪,有的跃入窗台展开攻击,迅速占领楼顶的一角。不一会,尚勇楼的楼上楼下就全都响起"缴枪不杀!"的呼声。

李学先拎着驳壳枪边打边追,从尚勇楼的西侧追到了东头,几个国民党兵被他追急了,从二楼的凉台上跳下去就往居仁楼方向逃跑。仅仅20分钟,四连就拿下了尚勇楼和居仁楼,虽然战斗的伤亡很小,但是副连长李学先挨了一刀中了一枪,受了重伤。三营随即包围瀹智楼,楼里的国民党兵在这样的阵仗面前放弃抵抗,立马缴枪投降。

23日上午10时,第四连在温绍荣连长指挥下,攻下敌军据守的高地,歼敌200多人。拿下高地后,团长徐博命令第三营向集美正面进攻,第二营插向敌占码头。下午5时,残敌向厦门岛逃窜,集美学村终于迎来了解放。

英烈们用鲜血和生命执行了党的指示,维护了党的侨务、文化政策,保护了自创办以来长期为中国共产党和祖国培养一批批人才并被誉为"民主堡垒,革命摇篮"的集美学校。

9月23日集美解放后,81名烈士的遗骸由战友和群众就近埋葬在后溪镇英埭头、东安、叶厝等地。1977年,集美区民政局将这81名烈士的遗骸集中葬于兑山烈士陵园,碑身正面镌刻当年解放军十兵团司令叶飞的题字"革命烈士纪念碑"。

附　录

附录一　集美地区剿匪反霸斗争

中华人民共和国成立初期,国民党残留大量游兵散勇,加上原有的惯匪,使原属同安县第一区和第二区的集美匪患成灾,直接威胁到新生的人民政权的巩固和人民生命财产的安全。为了彻底消灭土匪,从1949年年底开始,至1951年下半年,厦门市委、同安县委、海澄县委积极配合解放军,组织广大军民开展声势浩大的剿匪反霸斗争。

集美解放前夕,国民党政权面临崩溃,为了继续反共反人民,做了应变部署,成立"反共救国军",把各地的土匪、恶霸、地方军政头目搜罗在一起,委以"司令""支队长""大队长""中队长"等职,命令他们开展所谓"敌后工作"。角美(现属龙海市)、东孚(现属海沧区)、灌口、后溪一带分布大片山林,匪患特别严重。

1949年10月,盘踞在集美西部的土匪趁新生的基层政权薄弱,农会成员不纯,我主力部队正全力解放厦门,准备攻打金门,地方政权忙于征粮征船之际,纠集反动武装,向人民政权疯狂反扑,烧杀抢掠,无恶不作。

为了平息匪患,安定社会,巩固新生的人民政权,保证支前等各项工作的顺利进行,同安县委和海澄县委根据福建省委、泉州地委、漳州地委和福建军区的指示,在驻军的支持下,分别开展了剿匪反霸斗争。

1949年12月,同安一区干部会同剿匪部队兵分三路出击围剿,一路到白礁村围剿海匪,捕获海匪"反共救国军水上纵队"大队长王金朝等人,海匪王米箩反抗逃跑,在战斗中,剿匪部队刘副班长光荣牺牲;二路、三路突袭东孚、角美,捕获了惯匪李树头、林乌坚。

流窜灌口一带的匪首陈曹曾经在1949年10月接受人民政府收编,被安排到泉州集训,但他不思悔改,11月逃跑回家,纠集匪徒重新在灌口一带为非作歹。12月,公安机关将陈曹擒获。1950年春,同安县人民政府在灌口召开公审大会,判处罪大恶极的陈曹死刑。

与此同时,海沧地区的大土匪杨蕃茨也落入法网,被人民政权判处死刑。

但是匪情依然严峻。1950年春,匪首、"反共救国军水上纵队大队长"王小铫、林阳明,根据匪首、"反共救国军水上纵队司令"王杰的指令,瓦解了同安一区区中队的武装,先后三次密谋攻打一区区公所和粮库,只因我方防守严密而不敢行动。在后溪镇石兜一带的土匪预谋攻打同安二区区公所。3月5日,王小铫指使匪徒到东孚镇汤岸村暗杀了革命群众谢梅敏。第二天,这些匪徒又窜进东孚乡南山村,暗杀农会干部王九汝。

1950年夏,集美及周边地区的匪患更加猖獗。许多土匪被收编后曾经到泉州集训,但没多久就逃跑了,继续

在厦门西部和北部山区为匪。加上美帝国主义发动侵朝
战争，美国第七舰队开进台湾海峡，退守台湾的蒋介石集
团叫嚣"反攻大陆"，敌特机关也加紧派遣特务潜伏厦门，
组织特务土匪，勾结地主恶霸遥相呼应，造谣惑众，叫嚣
"第三次世界大战就要爆发了""共产党不行了""国民党
要反攻大陆了"等等。他们大肆抢劫，暗杀革命干部、积
极分子和基本群众，密谋攻打集美公所、粮库，反动气焰
十分嚣张。如"反共救国军鹭江纵队"副司令王自横，以
鼎美小学（现属海沧区）为掩护，联络和指挥匪特进行抢
劫、暗杀等破坏活动。9 月 19 日夜，东孚镇莲花村的民
兵副队长陈番仔被匪徒暗杀。10 月 21 日傍晚，下乡参
加剿匪的同安县农会秘书邱培生在灌口街市遭土匪枪击
而牺牲。12 月 2 日，东孚乡农会主席张昭基在贞岱村公
路边，遭埋伏的土匪杀害。

　　在此期间，同安城西一带的匪首、"反共救国军二十
二兵团福建游击总队支队司令"柯宝珍，根据台湾方面的
命令，到密林深处的黄地村（属后溪镇）召开三次大小土
匪头目会议，将王小铫、刘水桶、叶贯、叶芳展几股土匪整
编为两个大队，分别任命了大队长、大队副等职。柯宝
珍、刘水桶、林马洲及漳州长泰县境内的匪首、"反共救国
军闽海纵队副指挥官"林冠禄等股匪结伙在黄地山区、石
兜山区建立所谓"敌后根据地"。匪徒们进山时不仅随迁
家属入匪，还胁迫了大批当地百姓。他们招兵买马，大肆
抢劫财物，收买枪支弹药。王小铫明目张胆到灌口李林

村召开派黑单会议,强迫群众捐款,对不能如期交付者,施行绑架、抢劫。柯宝珍逼迫当地农民种植鸦片,为其长期吸用。匪首、"反共救国军白云纵队"大队长黄凤鸣在攻打南安县东田区公所之后,流窜到灌口一带活动。这时的土匪不仅仅进行经济上的抢劫,已经发展成为政治性的反革命对抗。

土匪、特务、恶霸的严重破坏活动,引起党和政府的高度重视。1950 年 10 月,中共中央向各地下达了镇压反革命的指示,并颁布了惩治反革命条例。在厦门岛内,厦门市迅速组织专门力量,充分发动群众,1950 年 11 月迅速破获了潜伏特务组织中美合作所特务集团,逮捕了武装特务"闽粤边区游击指挥部第九纵队"8 名头目。12 月,反革命组织"中国革命联盟会"被一网打尽。1951 年 1 月,先后破获了"东南反共救国军"鹭江纵队、厦鼓行动队、三五反共救国工作团等特务组织,首要匪特分子被人民政府镇压。

集美西部后溪、灌口山区地处泉州和漳州交界处,是武装土匪较为集中的地方。在剿匪反霸斗争中,同安一、二区委和剿匪部队,坚决贯彻执行中央指示和省、地委"军事围剿、政治瓦解、发动群众"的方针和"以分散对分散,集中对集中,对小股分散的土匪即以班排为单位出击清剿,对大股土匪即集中兵力合围清剿"的战略。

1950 年 9 月 26 日,同安县地方民兵配合解放军剿匪部队在莲花镇五斗丘围捕,击毙了惯匪叶芳展。在围捕战斗中,区长何建智、区委委员石天宝光荣牺牲。

从 1950 年 12 月到 1951 年 2 月,我军民组织了两次大搜捕,然后又分散进行多次的围剿搜捕,大批土匪被捕获或投降自新,负隅顽抗的土匪被击毙。

1950 年 10 月初,同安县公安机关会同剿匪部队出击天竺山,搜山围捕,击毙匪首黄凤鸣,黄妻、女土匪王银看逃脱,于 11 月 19 日在李林村被捉拿归案。11 月,剿匪部队再度出击天竺山,追击从长泰流窜来的股匪,击毙匪首薛宝忠及 4 名匪徒,捕获 3 名匪徒。二区干部会同剿匪部队分五路,围剿石兜、黄地、许庄、江都墟、宫仔兜的匪窝,将柯宝珍、刘水桶等股匪歼灭近半,柯、刘等匪徒负伤后匆忙逃窜。1951 年 2 月 12 日,同安县公安机关逮捕了匪首王小铫,6 月 5 日,人民政府在角美召开公审大会,就地枪决惯匪王小铫。

人民政府在大力军事围剿、严厉打击的同时,运用广播喇叭、标语布告等形式,广泛深入宣传中央关于"坦白从宽,抗拒从严""首恶必办,胁从不问,立功赎罪,立大功受奖"的政策,开展政策攻心,分化瓦解敌人,促使土匪主动放下武器,坦白自新。

1951 年 2 月,人民政府派遣与匪首刘水桶有旧交情的地下党员、名医王天赐做刘的思想工作。王天赐向躲藏在石兜山区的刘水桶讲清党的政策,经过耐心规划,刘水桶终于悔悟,带领匪徒随王天赐下山向政府投诚自新。刘水桶自新后表示愿意规劝其他匪徒投降,同安县政府经过研究,决定接受刘的要求。许昭明县长带上秘书、警卫员各 1 名,刘水桶随行,他们 4 人从石兜步行到角美,经过许县长半个月艰苦细致的政策攻心和刘水桶的积极配合,叶炳元等 5 股土匪终于自新,接受政府改造。

柯宝珍躲藏在庙山村青山沟的一个石洞内,1951 年 4 月 11 日,剿匪大队发现柯匪的行踪后,将其合围,对其公开喊话,勒令他放下武器,投降自新,但柯匪仍负隅顽抗,向洞口外射击,剿匪大队立即集中火力,向洞内投掷手榴弹,炸毙了恶贯满盈的柯宝珍。

1951 年 6 月 12 日,第五区干部和民兵配合解放军在湖头村捕获“反共救国军漳华纵队”中队长、匪首郭精言及爪牙郭切,8 月 19 日,两犯在同安伏法。

集美及其周边的党政军民经过一年半多的共同奋战,至 1951 年下半年,各路股匪全部歼灭,同时基本肃清了散匪。据不完全统计,在这场剿匪反霸斗争中,共消灭股匪 14 股,消灭包括散匪在内的土匪 487 人,现场击毙 11 人,捕获 89 人,投降自新 387 人,缴获了大量枪械和弹药。公审枪决了罪大恶极的土匪、恶霸 136 人。

中华人民共和国成立初期的剿匪反霸斗争从某种意义上来讲,是新民主主义革命的延续。在党政军民的共同奋战下,剿匪反霸斗争取得了辉煌胜利,从而巩固了新生的人民政权,保障了社会生产和生活秩序的稳定安宁,保证了土地改革轰轰烈烈地顺利进行。

附录二　集美区革命遗址简介

1.集美小学三立楼:厦门地区第一个共青团支部诞生地

三立楼位于集美小学,由三座楼组成。立功楼建成于1918年,立德楼、立言楼建成于1920年。"三立"出自《左传·襄公二十四年》:"太上有立德,其次有立功,其次有立言,虽久不废,此之谓不朽。"三立楼是陈嘉庚早期创建的集美学校师范部校舍之一。

陈嘉庚特别重视和关照集美学校师范部,规定了许多优待学生的办法,吸引了不少农村贫寒青年来此就读。陈嘉庚还十分重视向学生灌输新思想、新知识,促使集美学校的学术气氛活跃,引导一些有志青年信仰马列主义并走上社会主义道路。

1924年春,集美师范学生李觉民去信给中共中央领导陈独秀和恽代英,请求给予指导,团中央书记刘仁静委托李觉民代销进步书刊。从此李觉民与团中央取得联系,受聘担任团中央机关刊物《中国青年》的通讯员,成为厦门地区最早的共青团员。在李觉民努力下,阅读马克思主义书刊的学生越来越多。在李觉民与团中央取得联系并得到指导的同时,集美师范学生罗明也在1924年9月与社青团广东区委取得联系并被接受为通讯员。

罗明和李觉民等人在团中央和社青团广东区委的指导下，联合一批先进青年，建立国民党左派组织。规定加入该组织的成员必须具备拥护中国共产党和共产党的主张；拥护国共合作，拥护孙中山的三大政策和新三民主义；反对帝国主义、反对军阀这三项条件。后经国民党中央组织部批准，于10月成立了国民党（左派）集美区分部，对外称"福建青年协进社"，直接与广州国民党中央组织部杨匏安（共产党员）联系。

福建青年协进社创办了《星火周报》，宣传、研究马克思主义。1925年1月，社青团改名为共青团。6月，共青团广东区委派候补委员蓝裕业，以国民促进会代表的身份来到集美学校，吸收李觉民、罗扬才、刘端生、邱泮林、罗良厚、罗贤开（刘祥才）、罗调金（罗朝正）为共青团员，在集美学校师范部三立楼建立起厦门地区第一个共青团支部。由李觉民任书记，隶属于共青团广东省委，接受团中央直接领导。

三立楼是厦门革命的发源地。原为砖木结构三层楼房，坐北朝南，双坡顶，1996年，翻建为砖混结构，平面形式与原楼相同，立面增高两层。

1988年4月，被厦门市人民政府公布为厦门市文物保护单位。

2. 嘉庚路 135 号:集美学校第三次学潮策划地

位于集美街道嘉庚路 135 号的是一座三落大厝。第一次国共合作时期、解放战争时期,都有进步老师和中共集美学校负责人住在这里。第三次学潮也在这里酝酿发生。

1925 年后,集美学校党团组织极为活跃。校长叶渊对此顾虑重重,陈嘉庚也认为学生心智不成熟,介入党务容易受人欺骗。1926 年 6 月,陈嘉庚电函叶渊,"严禁学生树党,违者开除",新生入学要写保证书,立誓不涉任何党派。11 月中旬,北伐军光复同安。学生代表陈乃昌等 3 人前往迎接革命军,并请革命军派宣传员来校演讲。16 日,革命军宣传员周邦彩等 3 人来校发表激烈演说,建议由党部、学生及学校三方面各选代表组织"校务革新委员会"。学生大受鼓舞,叶渊坚决反对。12 月 1 日,学生发出《第一次宣言》,全体学生罢课,要求取消被迫填写的禁止入党的誓词;恢复因组织学生会或参加救国运动而被开除的同学的学籍;要求一切校务由校务革新委员会议决施行。叶渊拒绝学生要求。国民革命军东路军总指挥何应钦派人调解无效。学生发出《第二次宣言》,成立罢课委员会,提出"驱叶"口号。16 日,学生重新上课。18 日,将罢课委员会改为"倒叶运动全权代表会",推选全权代表 19 人,继续进行倒叶工作。共产党员刘端生、颜泗、邱泮林、梁绍之被选为代表。

学潮期间,厦门成立了"厦门各界援助集美学潮委员

会",全国学联和各地学联也给予声援。这是集美学校第
三次学潮。后来,陈嘉庚邀请蔡元培南下调解,学潮才始
渐平息。集美学校第三次学潮,是在共产党的影响和带
动下爆发的,锤炼了一批厦门早期共产党员,标志着厦门
地区党组织的成长和壮大。

3. 鳌园路集美中学延平楼:中共集美小学支部旧址

延平楼位于鳌园路,建成于 1922 年。该楼因毗邻民
族英雄郑成功军事要塞"延平故垒"而命名。延平楼共 3
层 30 个房间,占地 935 平方米,中部是重檐歇山顶,两端
为西式双坡顶;红砖墙,白灰墙面,绿琉璃瓦。

1925 年,集美学校师范部学生毕业必须到小学实
习,其中的共青团员就开始在小学教师中发展团员,成立
共青团集美小学校支部。1926 年 4 月,整团建党,成立
集美小学支部,支部书记巫丙熹,隶属中共厦门特别
支部。

1938 年,延平楼被日寇炮弹炸毁。1952 年,由陈嘉
庚主持在原址重建,新的延平楼褪去西洋风格,平面呈
"凹"字形,中部 5 间高 4 层,两侧各 5 间高 3 层,上覆 5
个绿琉璃瓦悬索燕尾脊歇山顶,红砖墙绿琉璃,比原来的
更加雅致悦目,散发浓郁的乡土气息。

延平楼原为集美小学校舍,1964 年划归集美中学管
理使用。

4. 集美小学敬贤堂:集美学校爱国师生集会场所

敬贤堂建于 1918 年 12 月,为罗马建筑风格,正立面为宽阔的圆柱门廊大露台,绿釉瓶围栏,大坡顶屋面左右缩进中部抬高形成两层,两侧开设窗户,前面外凸,设计为一个古典雅致的外廊看台。

1926 年 11 月 9 日,北伐军东路军进入漳州,进而向同安进发。集美的党团支部派人赶赴同安,向北伐军祝捷,请北伐军派代表到集美学校帮助学生运动。16 日,集美学校学生在大礼堂召开了欢迎国民革命军入闽大会。北伐军派了共产党员周邦彩在内的 3 位代表莅临大会现场,并发表演讲,整个大礼堂座无虚席,群情振奋。这次大会是对集美学校第三次学潮的决定性推动。

1936 年 2 月 20 日,集美学村"二校主"陈敬贤公而忘身、积劳早逝。为了纪念陈敬贤先生,1937 年 1 月 1 日大礼堂更名为敬贤堂。

1938 年 1 月 16 日、17 日两晚,集美学校在敬贤堂举行抗日宣传游艺大会,演出《民族呼声》《救亡之歌》《孩子进行曲》《谁说我们年纪小》等十多个抗战节目。

2013 年,敬贤堂修缮改造完工,改造后占地面积 718 平方米,建筑面积 923 平方米。

5. 侨英街道凤林社区:集美试验乡村师范学校遗址

集美试验乡村师范学校简称乡师,它的办公地点位于侨英街道凤林社区下头路 46 号和 67 号,都是二落大厝,周边一些民房和祠堂曾经被乡师借作教室。

乡师是由集美学校所属的集美初等教育社和教育推广部的同志发起的,因陋就简,于1931年8月建校,聘请南京晓庄师范教师张宗麟为校长,践行陶行知先生的"生活教育""教学做合一"的思想,使社会与学校打成一片。张宗麟将乐安小学、亨保小学和洪林小学作为新教育的试验园地,聘请许多来自南京晓庄师范的教师为指导员。乡师的师生发挥晓庄艰苦创业的精神。靠自己的双手在短短的时间里,一边上课学习,一边修葺房屋、开辟广场、筑厕所、辟菜园,布置大会堂、办公室、图书室、科学室、教室和宿舍,推广生活教育运动。学校没有雇用工人,一切事务都由师生自己动手去做,校园充满了学习风气和劳动气息。

1933年2月,张宗麟辞职回上海,集美师范校长王秀南兼任乡师校长。

集美试验乡村师范是一所颇有影响的新型学校,它不仅撒下了教育改革的火种,还传播了革命星火,培养出一大批优秀师生。他们有的走上教育之路,足迹遍布闽西南、台湾乃至东南亚,有的奔赴延安和各地解放区,为民主、抗日和解放事业奋斗终生。乡师的中共地下党团非常活跃,1933年4月,乡师派代表访问漳州红军;5月,组织宣传队下乡宣传抗日;6月,乡师的共产党员王端苻等人在上级领导下,发展党团员,组织反帝同盟。1933年11月,国民党当局认定乡师已经"赤化",强行将其封闭。

6. 集美小学约礼楼：中共集美学校工委(闽中)女生支部旧址

约礼楼楼名出自《论语·雍也》："君子博学于文，约之以礼，亦可以弗畔矣夫。"1920年，约礼楼建成于现集美小学内。

1946年3月，中共(闽中)集美学校工委在约礼楼创立女生支部。当时集美各校(高中、初中、水产航海、商校等)女生共五六十人，都集中住宿于约礼楼，这就为党组织在女生中开展工作提供了很大的方便。女生支部的历任书记高景春、吴秀云和叶亚伟在校工委会领导下，先后共发展了15名党员(其中3名男生)和大批政治群众。她们团结教育进步青年，发动与参加学生运动，或奔赴游击区参加战斗，或坚持做党的地下工作。

1996年，集美小学为了改建篮球场，将约礼楼拆除。

7. 集岑路6号博文楼：中共集美学校工委(闽中)旧址

1918年，博文楼与约礼楼同时兴建。集美学校图书馆初建时在居仁楼，1920年11月移至新建成的博文楼。

陈嘉庚教育救国、兼容并包的办学方针在图书馆建设上表现尤为突出。建馆初期，入藏书刊就有《共产党宣言》《马克思学说》《社会主义与进化》等理论著作及中共中央编辑的《向导》等革命刊物，此后又不断增加大量革命书刊和进步文学作品。这些图书成了滋养学生的精神食粮,是集美学校成为"民主堡垒、革命家摇篮"的重要条件。

抗日战争期间,集美学校内迁安溪县,图书馆设在安溪文庙。当时资金极端困难,图书馆还是购入大量抗日书刊,仅《抗战小丛书》就有 24 种,653 册,还有中共中央机关刊物《新华日报》等。抗日战争胜利后,学校回迁集美。博文楼因遭日寇轰炸损坏,图书馆暂以文学楼和敦书楼部分房间为馆舍。

1946 年年初,博文楼修缮完毕,图书馆回迁。时任该馆工作人员的中共地下党员洪邃明和集美学校的地下党员也随学校抵达集美学村工作、上课,为发展壮大党组织奠定了基础。

1946 年 2 月,中共闽中集美学校工委会在该馆成立,下辖 4 个党支部,洪邃明任书记,许新识任副书记。洪邃明一直以图书管理员的身份,为掩护、发展党的组织,在学生中广交朋友,组织"文艺习作会""时事座谈会",团结进步教师利用课堂等形式对师生进行爱国主义教育,使大批师生走上革命道路。

博文楼中座三层,重檐歇山式,三川脊大屋顶,两翼两层,歇山顶,正脊均为闽南传统燕尾脊,戗脊尾端灰塑卷草,屋面铺设绿琉璃简瓦,中座前后外凸形成外廊,一、二层西式连拱券柱,三层中式方形檐柱,二、三层柱间砌绿釉瓶护栏,两翼红砖清水墙面,四墙角采用民间俗称"蜈蚣脚"的隅石做法。1996 年重新翻修,整幢楼面积

7191平方米。博文楼以其巍峨的房舍,汗牛充栋的书籍,被誉为"全国中学校的第一图书馆"。

8.集美小学瀹智楼:中共集美学校工委(闽中)高中支部旧址

"瀹智"意思为疏通智慧,强智达人。典故出自清末吴汝纶《〈天演论〉序》所言:"今议者谓西人之学,多吾所未闻;欲瀹民智,莫善于译书。"1926年,瀹智楼建成于现集美小学内,共两层18间。楼体为砖木结构,三面骑楼,外廊装饰为西洋古典柱式。

集美学校迁回集美后,1946年2月,中共泉州中心县委决定成立中共(闽中)集美学校工委,下设4个党支部,洪邃明任工委书记。集美高中党支部在集美小学成立,代理支书梁枚火,代理组委杨竹志,代理宣委黄欣生。1946年4月,杨竹志任书记;1947年6月,林恢成任书记;1948年8月,胡瑶浦任副书记;1949年1月,林恢成兼任书记。

瀹智楼是当年中共集美学校工委(闽中)高中支部的活动地点。1998年,集美小学为了扩建运动场,将该楼拆除。

9.集美大学航海学院允恭楼:中共集美学校工委(闽中)高水支部遗址

允恭楼是集美大学航海学院标志性综合教学楼。楼名出自《尚书·尧典》:"帝尧……允恭克让,光被四表,格于上下。"意思是,帝尧能够诚信、谨慎、尽职尽责,礼让贤德,他的光辉遍照四海之外,天地之间。

1945年9月,内迁的集美水产航海学校和省立水产学校回迁集美,1946年2月,中共泉州中心县委决定成立中共(闽中)集美学校工委,下设4个党支部,洪邃明任工委书记。

1946年2月,中共高水和省水党支部拆分为集美高水党支部和集美省水党支部。中共集美学校工作委员会副书记许新识兼任高水党支部书记,许集美调任中共厦门市工委书记,7月任闽中地委委员兼泉州中心县委书记。集美省水党支部书记为林文庆,1948年1月,白文爽接任集美高水党支部书记。

1949年2月,中共集美学校工作委员会改为中共集美党总支,党总支书记骆朝宗也在允恭楼办公。

10.集美大学财经学院尚忠楼:中共集美学校工委(闽中)高商支部旧址

坐落于集美大学财经学院内的尚忠楼群,由20世纪20年代建成的敦书楼、尚忠楼、诵诗楼组成。三幢楼呈半合围式布局,尚忠楼居中,敦书楼和诵诗楼分立左右两侧,整个建筑楼群最大特色是它的前廊式布局,红色清水砖外墙镶砌着白色花岗岩装饰,屋面一派端庄的红色机平瓦,是集美学校保存最好的早期中西合璧风格建筑。

"尚",即尊崇,把它作为人生追求的目标,社会提倡的风气。"忠",是中国几千年来的基本道德;在不同时代有不同内容,陈嘉庚提倡的忠,是忠于祖国,忠于人民,忠于事业。

抗战胜利后,集美职业学校从安溪迁回集美,1946年2月,中共泉州中心县委决定成立中共(闽中)集美学校工委,下设4个党支部,洪邃明任工委书记,高商党支部为四个党支部之一。1947年,中共(闽中)集美学校工委书记庄建国和一批支部书记被调往闽中游击区,杨竹志接任工委书记,并在集美高商建立党支部。

2015年年底,尚忠楼群修缮工程竣工。

11. 后溪镇城内小学:中共厦门工委(闽中)后溪交通站旧址

位于后溪镇的城内小学原名仁德小学,系华侨革命家郑螺生捐资在家乡创办。

1947年4月,中共安(溪)南(安)同(安)县工委派遣林文庆来到集美,在城内仁德小学建立地下交通站,吸收当地名医、仁德小学董事长王天赐加入共产党员,并任命他为交通站站长。仁德小学聘请共产党员叶玉惠为校长,共产党员林炳煌、林金荣、林春明(留贵)、吴子明等人为教员,他们以教学为名,接待、联络、掩护往来于安溪、集美各地革命同志的活动。

1947年6月,林文庆分别吸收西井社的林孝国和崎沟社的王利元入党。8月,被任命为中共安南同县工委书记的林文庆和县工委委员叶玉惠共同组建了中共西井支部,有党员11人,林孝国为书记,并组建一支40人的游击队,陈九婴为队长。1948年暑假,林文庆又在崎沟村发展党员,组建中共崎沟支部,有党员7人,王利元为书记,并组织一支20人的游击队,王来成任队长。1948年10月,为支援安溪的游击战争,王天赐筹集了三支长短枪和部分经费,并由林文庆从后溪带走40人参加安溪的游击队。

王天赐按照中共金南同县工委的指示,利用其集美乡乡民代表主席的职便,开展合法斗争,鼓动乡民代表反对国民党政府的"三征"(征兵、征税、征粮)。

后溪交通站为革命斗争提供不少人力和物力,多次出色地完成上级交给的光荣任务。

12.后溪镇浦边社王氏祖祠:中共厦门工委(闽中)后溪交通站遗址

1947年1月,中共闽浙赣边区委员会(闽中)在后溪镇建立革命据点后,中共安(溪)南(安)同(安)县工委利用后溪村浦边社王氏祖祠地处田野中央比较隐蔽的特点,经常召集地下党员在此碰头联络,开展革命活动。

王氏祖祠由于长期无人管理,房屋受损严重。

13. 后溪镇恒春油坊:中共同安县工委(闽西南)地下团总支旧址

为配合人民解放军南下解放同安、集美,1949 年 5 月,中共同安县工委(闽西南)书记彭金励和杨钟鑫同志到孙厝,委派孙生最、黄启文二人前来后溪,协助后溪地下党筹备建团工作。1949 年 7 月,后溪团支部在仁德小学成立,杨永全为团支书,杨志宏为组织委员,杨珍雄为宣传委员,下辖城内、珩山、锦宅等 6 个团小组。1949 年 8 月,后溪团支部升格为灌口团总支,孙生最为书记、蔡肇基为组织委员,黄启文为宣传委员。总支下辖 3 个团支部:潘涂支部,书记林子圣,组织委员林水杯,宣传委员林火星;后溪支部,书记杨永全,组织委员杨志宏,宣传委员杨珍雄;灌口支部,书记苏朱发,组织委员翁仁基,宣传委员庄瑞文。总支的联络站设在杨志宏经营的恒春油坊。

灌口团总支下辖的 3 个支部分别在各自的范围内积极开展活动,做出了重要的贡献。

后溪团支部利用孙生最捐献的 360 元港币,到厦门购买一台油印机,印发传单 4000 多张,大力宣传人民解放军百万雄师横渡长江的喜讯,极大地鼓舞了地下党团员和群众的斗志;组织革命群众在孙厝勇斗恶霸孙天巧,极大地助长了广大群众的斗争意志。

潘涂团支部积极组织民兵,护村护粮,配合解放军打击国民党溃退散兵对老百姓的劫掠,保卫自己的家园。

灌口团支部积极开展统战工作,通过各种渠道做好国民党乡镇人员、地方绅士的策反工作,大力筹集粮草支援解放军。灌口团总支还注意围绕中心工作,部署统一行动,为南下的部队带路、抢修公路桥梁,提供敌人情报,积极支前,迎接同安集美的解放。

恒春油坊因年代久远而坍塌,屋主人拆毁后,在原址重新建造新楼。

14. 浔江路 115 号文确楼:中共同安县工委(闽中)六月会议传达处

文确楼系爱国华侨陈文确、陈六使两兄弟为便利家族成员返乡休憩,于 1937 年建成。全楼占地面积约 300 平方米,以木桩打造基础,坐北朝南,3 层楼的格局分为前进与后进,前后由行廊接连贯通,行廊两侧各留一个天井采光。前进各层楼板全系木质结构各 1 厅 2 房,后进各层各 3 间房间则采用钢筋混凝土筑造。楼前中央大门,前后进东西两侧各有边门,利于进出,前进顶层楼四周连环行廊。文确楼最大的特点是窗户多,透气好。

1946 年初,集美学校从安溪回迁集美,中共地下党革命活动活跃起来。陈文确胞弟陈文知的两个女儿就读集美初中,与女生党支部第二、三任书记吴秀云、叶亚伟等党员关系密切。当时文确楼比较偏僻,四周开阔,又在海边,便于监视外面动静,也便于分散转移;于是,中共集美女生支部选择这里作为经常活动的场所。支部在这里组织党员学习毛泽东的文章,传达解放战争捷报,也在这里发展一批新党员。

1947年,陈文知病逝。1949年6月,他的长子率领家眷去香港定居,留下一位女儿仍住在文确楼。

1949年6月底,为迎接人民解放军南下,中共同安县工委对党的地下斗争做出新的部署。会议结束后,县工委派陈国良到集美,于7月1日、2日、3日,连续3个晚上在文确楼三楼秘密召集党员和革命青年学生20多人开会,传达上级党委指示:原属于厦门市工委的集美全体党员转到新三区参加游击战争;发动本地区进步青年和学生到新三区参加游击战争;在原有基础上扩大武装力量,建立一支适应沿海地区地理环境,勇敢善战的游击队;发动和组织群众,做好筹备粮草和船只工作;同时做好国民党乡政人员的策反工作,分化瓦解国民党保安团和土匪武装。会后,与会同志分头按计划行动,参加游击队,积极落实各项任务,为集美、厦门解放做出了重要贡献。

文确楼现已修葺一新,改建为陈文确、陈六使陈列馆。

15. 岑西路84号:中共厦门工委(闽中)岑头交通站

1945年8月,中共泉州中心县委派遣林文庆到集美开展革命活动。林文庆在岑西路84号(原先牌号是岑头街111号)开设一家客栈,作为党的地下交通站,发展了施牡丹、林九娘和林孝勇加入共产党,任命林九娘为交通站站长。地下交通站在严峻的斗争环境下,担负起传递党的文件、搜集敌人情报,转移革命同志等工作。

时移境迁,岑头街 111 号这座革命遗址经过几次翻建,外观改变很大。

16. 集美码头:中共厦门工委(闽中)地下交通站

集美码头地处集美学校的西南隅海滨。它不受潮汐的限制,轮船可以随时停靠。当时集美码头旁边的益米碾米厂与集厦电船公司集美站和同美电船公司集美站紧挨着,海上交通十分方便。

1948 年,中共厦门工委(闽中)决定在集美码头设立地下交通站,站址设在益米碾米厂内,并指定地下党员、碾米厂会计陈顺言为负责人。集美码头交通站遵照上级指示,传递中共厦门工委与中共集美学校工委信息、党的文件和指示。他们负责监视敌人的动向,掩护党的组织和地下同志不遭破坏损失。他们还护送各地往来的地下同志,使他们得以顺利开展活动。在不暴露党员身份的前提下,他们宣传发动群众,争取当地电船公司、汽车公司、码头、米厂、邮电线务段等一批群众支持革命活动。

1949 年 5 月,碾米厂交通站的同志护送了中共集美学校工委高水支部白金泉和刘崇基两批地下党员赴厦门,转往香港接受重要任务。8 月间,解放军挺进福建,中共厦门工委将在厦门岛内已经暴露革命色彩的地下党员、革命干部转移到碾米厂交通站,陈顺言再联系革命群众王合春、陈宪大、陈乌亮,将这些党员同志安全撤离到同安新三区的游击队。

9月中旬,解放军兵锋临近集美,陈顺言争取、教育了集美电信水线房线工董其锵和漳州线务段驻同安段线工刘景友,让他们保护集美至高崎海底电话电缆不受破坏,同时不让敌人通用。除此之外,陈顺言还与党员陈国良深入集美学校电灯厂,重点教育工人保护电灯厂安全,当敌人要利用高压电杀伤解放军时,就立即关闭电厂和电路。

1955年,因建鹰厦铁路的需要,集美码头被拆除。后来又因道路建设,周边环境已发生很大改变。

17. 集美街道鳌园路：李林园

李林烈士,1915年生于福建龙溪,幼年侨居印度尼西亚,1929年回国,1931年进入集美学校读书。时值"九一八"事变爆发,李林参加集美抗日救国会,任学生自治会文书股长,积极投入抗日活动。1933年冬至1935年,先后就读于杭州女中、上海爱国女中,积极参加抗日救亡运动。1936年年底加入中国共产党。

1937年卢沟桥事变后,她奔赴抗日前线,历任大同中心区委宣传部部长、雁北抗日游击队第八支队支队长兼政治主任、八路军第一二〇师独立支队骑兵营教导员、晋西北行政公署委员、第十一行政专员公署秘书主任等职。1940年4月25日壮烈殉国，年仅25岁。

李林牺牲后，中共中央机关报《新中华报》等多种报刊发表悼念文章。中共中央妇委发出唁电，高度评价她的英雄业绩，称她"不仅是我们女共产党员的光辉模范，而且是全国同胞所敬爱的女英雄"。平鲁县人民创办"李林学校"作为永久纪念。1973年，周恩来总理还嘱咐雁北地委："要多宣传李林。"

李林是青少年的楷模，集美学校的光荣。1988年，由校友施学概、洪秀算捐款与集美学校共同在集美中学南薰楼与延平楼之间兴建李林园，包括李林纪念碑和李林纪念馆。1990年4月5日清明节，在集美中学隆重举行李林园落成典礼，李林烈士纪念馆同日揭幕。5月，福建省教委将李林园确定为福建省德育教育基地，厦门市委、市政府将李林园和李林纪念馆定为厦门市爱国主义教育基地。2007年，福建省人民政府将李林园定为福建省国防教育基地。

18. 孙坂南路兑山社区：兑山革命烈士陵园

1949年8月17日，福州解放，厦门成了国民党军撤离大陆的最后据点，集美也就成了厦门的前沿阵地。国民党军一个团进驻集美，把集美学校变成兵营，在学村北构筑三道防线，部署强大火力以阻止我军前进。

9月21日，中国人民解放军第二十九军八十五师二五三团打响解放集美第一枪，很快把敌人压缩到第二道防线。22日上午师部接到军委副主席周恩来的指示："集美学校是爱国华侨陈嘉庚先生创办的,一定要保护好。"当时解放军配备有强大炮兵,摧毁敌人工事、火力点易如反掌,但为了学校和村民不受损失,决定不组织炮兵攻击国民党军的碉堡和炮兵阵地,仅以轻武器进攻。敌军炮兵轰击解放军时,解放军也没有以炮火还击。22日黄昏,解放军冒着敌人的炮火发起冲锋,浴血奋战,于23日下午5时解放集美。

在这次战斗中,集美村民及学校师生无一伤亡,校舍、民宅未遭破坏,而二五三团指战员伤亡200多人,81人壮烈牺牲。烈士牺牲后,因战事紧急,由战友和群众就近埋葬在后溪镇英棣头、东安、叶厝等地。

1977年,集美区民政局将81位烈士忠骨集中埋葬于兑山村西北侧山冈上。陵园由烈士纪念碑和烈士墓两部分组成,总占地面积650平方米。纪念碑面朝东南,正前方以73级石阶通达碑底。碑呈向上渐收方柱体,宝珠顶,通高7米,底边长2.3米。碑座两层,呈长方形,外底边长14米,宽12米。碑身正面镌刻叶飞题字:"革命烈士纪念碑"。烈士墓在碑后方。墓冢呈圆形,周长6.3米,高0.9米。墓后照壁刻"烈士陵园"4字。

2001年,兑山烈士陵园被公布为集美区文物保护单位。

19. 集美大学师范学院：基石广场及雕塑

集美大学师范学院前身是集美学校师范部，1925 年
6 月，诞生出厦门地区第一个共青团支部。为了缅怀革
命前辈，继承革命传统，2001 年，集美大学全体团员以缴
交特殊团费的方式捐建一尊雕塑，并以雕塑为中心建造
一个基石广场。

集美大学美术学院黄平教授和张朝阳老师接到设计
任务后，反复研读相关革命史料，设计了许多方案，最终
确定了造型为一支熊熊燃烧的火炬这一方案，"火光"映
照出的正是当年共青团厦门支部 7 位团员的面庞。他们
坚毅目光的尽头，就是共青团支部的成立地点三立楼的
方向。这套设计以共青团的团旗为主题，由迎风飘扬的
旗帜、火种、基石三个部分构成一个巨大的"1"字，象征闽
西南第一个团支部的建立，也象征着一面永远屹立不倒
的革命旗帜，激励着后来者为共产主义事业奋斗终生。

附录三　中共集美区党史人物简介

三　画

马　宁　原名黄震村、黄真村,1909 年 9 月生于福建龙岩。20 世纪 20 年代就读于集美学校师范部。1929 年考入南国艺术学院,采访"八一"起义旧址南昌大旅社,写成短篇小说《船上人》。他在上海创作以海陆丰、广州暴动为背景的小说《铁恋》。1930 年参加左翼作家联盟,同年加入中国共产党。后流亡马来亚,曾任马来亚共产党中央宣传委员、马来亚普罗艺术联盟主席。回国后写了一部关于马共斗争的回忆录《南洋风雨》。1938 年随新四军到江南。1942 年后出版了长篇小说《动乱》和《无名英雄传》。1946 年出版长篇小说《将军后传》。

中华人民共和国成立后,先后任《福建农民报》主编,福建省文化处处长、福建省文联主席。出版了《老规矩》《陆根荣》《处女地》《香岛烟云》《椰风胶雨》《无名英雄传》《将军向后转》《落户的喜剧》《香港小姐奇婚记》《红白世家》《马宁选集》等著作。其中小说《落户的喜剧》被改编为电影《青山恋》。1995 年荣获中国作协授予的"抗日战争胜利五十周年纪念牌"。2001 年 12 月 10 日在福州逝世。

四　画

王村生　1911 年出生于安溪县长坑乡。1927 年在集美学校求学时参加革命活动,并加入中国共产党。1927 年秋,因被国民党当局怀疑逮捕入狱,经营救获释,被逐出漳州。1928 年秋到泉州就读乡村师范,1930 年到泉州城郊的湖州小学任教,继续从事地下斗争。同年 7 月,在泉州被捕,受尽严刑拷打,坚不吐实,3 个月后经保获释。1931 年任中共泉州特支委员和共青团泉州特支委员。1932 年任共青团泉州特支书记。1934 年 7 月任中共晋南县委委员。1935 年春任晋南游击队第三支队政治部主任。1935 年 9 月国民党调集重兵"围剿"晋南根据地,红军游击队分散突围。同年 10 月 4 日,王村生所率红军游击队在屈山遭敌军包围,经顽强战斗后率部突围。10 月 10 日,因叛徒告密,在南安榕桥梧坝村不幸被捕,当即惨遭杀害,英勇就义。

王鲁彦　原名王衡,1901 年出生,浙江镇海人,我国著名乡土小说家。1923 年在集美中学担任国文教师。1920 年参加蔡元培、李大钊等创办的工读互助团,并到北京大学半工半读,旁听鲁迅讲授的"中国小说史"等课程,多次得到鲁迅的指导和帮助。

大革命时期,王鲁彦到武汉任《国民日报》副刊编辑。大革命失败后到南京任国民政府国际宣传部世界语翻译。1930年,到厦门担任《民钟日报》副刊编辑。在20世纪30年代,他写了长篇小说《野火》《愤怒的乡村》《童年的悲哀》《小小的心》《屋顶下》《河边》《伤兵旅馆》等作品。抗日战争爆发后,王鲁彦偕同全家过着流亡生活,创作了《炮火下的孩子》《伤兵医院》等短篇小说并结集出版。此间,他加入中华全国文艺界抗敌协会,担任长沙《抗战日报》副刊编辑。1942年,他抱病在桂林创办并主编《文艺杂志》,出版了最后一部小说集《我们的喇叭》。1944年在桂林病逝。

王永炉 1932年1月出生,同安县大同镇人。1945年就读同安县立中学,1947年5月加入中国共产党。1948年到集美中学读书。1949年2月,中共集美学校党支部成立,王永炉任组织委员。3月,进入安溪游击区参加战斗,参与安南同临时工委领导工作。4月,返回同安,联系坚持地下斗争的原同安中学党员和团员,联系马共归侨陈诚志武工队,4月底,当选为中共安南同工委委员,亲自到灌口、后溪一带开辟新区。他深入匪穴,改造了3支土匪队伍,组建了同(安)龙(溪)海(澄)游击大队,发动了坂头桥伏击战,粉碎敌人的清乡行动,牵制了进剿安溪游击区的兵力。8月底,随解放军31军到莲花山区,担负后勤保障供应工作,带领侦察分队进入灌口、后溪、新垵等地侦察。1949年9月19日,同安解放,王永炉担任同安县公安局政治保卫股股长。29日,因子弹走火牺牲,年仅 18 岁。

王建中　后溪镇珩山村人,1912 年生,1926 年毕业于集美中学,1931 年任同安县七区区长,在任期间,铲除罂粟,查禁鸦片。1933 年起,先后担任珩山小学、陇西小学(现兑山小学)、灌口小学校长,组织抗日救国宣传队和抗日救国儿童团。1941 年,就任同安县保安团直属中队长,在鳌冠、嵩屿一带抗击日军。1948 年 4 月,王建中由林文庆介绍,加入中国共产党,他以同安县参议员身份,配合地下党发动组织群众开展反征兵、反征粮、反征税运动,掩护武装游击斗争。1949 年 8 月,被中共党组织委任为同安县新三区供应委员会主任,承担动员群众支前、调配民船为解放厦门做后勤工作。

1951 年 2 月,王建中在"镇反"运动中被错杀。1985 年 2 月,党组织经多方调查,确认王建中的中共地下党身份,厦门市中级人民法院同时为之平反,恢复名誉。

王新整　又名钟炎,1918 年出生,安溪县西坪乡人。原在厦门中学读书,抗战爆发后,转到内迁安溪县城的集美学校就学。1942 年考入内迁到建阳的暨南大学。1945 年 7 月加入中国共产党。1946 年 3 月暨南大学毕业后,在安溪中学任教。9 月,到同安中学任教务主任,建立党支部,发展党员。1947 年 7 月任同安中学党支部书记。10 月在同安被捕,1948 年年初被押往晋江监狱,6

月 28 日,经中共泉州中心县委组织劫狱获救。9 月,担任泉厦临时工委委员,安南同临时工委书记,他发动群众,组织农民武装,开辟安(溪)永(春)德(化)游击区,是闽西南白区党组织主要领导成员。1949 年 2 月起,历任中共安永德临工委负责人、中共安溪县委常委、组织部长,安溪人民游击大队政治部主任,漳平县工委书记,中共安溪县委军政干部学校校长和中共安溪中心县委行政委员会主任等职。

中华人民共和国成立后,曾任中共安溪县委委员、县长,厦门大学党委政治辅导处秘书,福建师范大学历史系党总支书记、系副主任。改革开放后,调任福建省落实地下党政策办公室副主任。2008 年在福州逝世。

王水泊　1931 年出生于后溪镇珩山村,1946 年从后溪仑上的集美小学毕业后,被保送到集美初中学习,1949 年初加入党组织,成为地下党员,为集美成为红色转运站做出突出贡献。后来,他发展了集美大社的第一批共 6 名党员,播下了集美大社革命的第一批种子。在解放厦门期间,他积极配合组织安排发展新党员、报送情报等工作,后来他被安排到同安发动群众、组织群众迎接解放军进入厦门,并协助组织接送材料。

中华人民共和国成立后,王水泊在剿匪、征粮、土改中多次立功。1964 年,王水泊调任汀溪水库管委会主任,在灌溉区域率先推行农改田、实行水旱轮作耕作制度改革,早稻、地瓜、花生的单产和品质跃居全省前列,被国家水利部门评为先进红旗单位,其业绩和经验被北京农展馆连续展出 3 年。1959 年,王水泊担任同安县副县长,1989 年从集美区人大常委会副主任的领导岗位上离休。此后,他将自己生活中摘录的资料,编成 9 本《生活之友》,自费印刷后赠送给弱势群众。2017 年在集美逝世。

王毅林　1922 年 12 月出生,南安县仑苍镇人,初中和高中均毕业于内迁南安诗山的集美学校,1941 年 10 月读高一时加入共产党,担任过集美中学高中党支部书记。1944 年,王毅林到永安东南出版社担任职员,积极向当时永安的政界、教育界和内迁闽北的暨南大学、内迁闽西的厦门大学等高校进行抗日救亡宣传教育工作,并通过函购渠道,寄发东南出版社出版的名家书籍和《国际时事研究》周刊,把抗日火种传播到省内外。1947 年 2 月,王毅林先后担任福建省委城工部厦漳泉工委书记;1948 年 5 月,任中共福建省委城工部厦门市委书记兼厦门大学党支部书记。

中华人民共和国成立后,王毅林先后担任厦门第一中学校长、书记,集美中学校长、书记;1975 年 5 月起历任厦门市教育局党委副书记、市政府文教办副主任;1983 年 5 月起任市政协常委、秘书长;1984 年任厦门市政协副主席。1987 年 12 月离休后任集美校友总会理事会会长等职。2017年逝世。

王德彰　惠安县崇武镇人。1926年年初在集美师范读书时,由罗明介绍加入中国共产党。同年2月受党组织派遣,组织"集美同学回乡宣传队",到惠安开展反帝反封建宣传活动。12月,他组织成立中共惠安支部,并担任书记。1927年1月,中共惠安支部转为中共惠安县临时县委,他担任负责人。大革命失败后,惠安党组织从县城转到惠北农村,王德彰组织建立中共惠安特别支部,又称涂岭区委,并担任书记,隶属中共闽南临时工委。他致力组建农民协会,领导群众开展抗捐抗税斗争。1928年1月因中共涂岭区委遭破坏而被捕。同年被人以"集美同学会惠安分会"名义保释。后化名王时光到南安莲塘小学任教。1930年9月参加惠安暴动,失利后又被捕入狱。10月获释并到晋江任教,后下落不明。

五　画

卢肇西　1906年生于永定县岐岭乡,1923年到集美学校师范部读书,1926年冬加入中国共产党,随即受命回永定建立党的组织,创建了中共金丰支部。1927年春参加国民革命军东路军的北伐行动。大革命失败后,回乡组织农民运动。1928年6月参与领导永定农民金丰暴动,任暴动副总指挥。随后整编暴动武装,任闽西红七军第十九师第五十六团党代表。1929年6月任中共闽西特委军委书记,红四军第四纵队八支队支队长,1930年3月,被选为闽西苏维埃政府执行委员。

1931年4月在闽西地区肃清"社会民主党"错案中蒙冤,在永定县虎岗乡罹难。1945年,中共七大追认其为烈士。

卢其中　1904年出生于永定县岐岭乡,1922年考入集美学校师范部读书,其间参加革命活动并加入国民党。1926年毕业回乡后,与卢肇西等人开办平民夜校和国术馆,传播革命思想。同年10月,北伐军东路军克复永定,卢其中随即建立农会,宣传"联俄,联共、扶助农工"三大政策,组织农民运动。"四一二"反革命政变发生后,他毅然脱离国民党,加入中国共产党。随后奉命组建农军,开办兵工厂,筹划暴动。1928年6月参与领导金丰暴动,随后暴动队伍整编为工农革命军永定赤卫队,8月改编为闽西红军第七军五十六团,任团警卫队长,参加了反"清乡"斗争。1929年5月红四军解放永定后,任县赤卫团团长,同年7月当选中共闽西特委委员。1929年夏,毛泽东在闽西养病期间,负责安全保卫工作。1930年2月任永定县苏维埃政府常委、军事委员会主任兼县赤卫团团长。此后历任中共闽西特委青年科科长,闽西红军独立第三团团长,红十二军三团副团长,红二十一军第三纵队司令员。

1931年6月在闽西地区肃清"社会民主党"错案中

蒙冤罹难。中华人民共和国成立后被追认为烈士。

叶文霸　1922年出生于安溪县参内乡,缅甸归国侨生,少年时就读于集美小学和集美中学初中48组。1940年参加共产党,入党后表现突出,被委任为中共晋江中心县委所属安(溪)南(安)地区的特派员,负责中心县委的政治交通。他在担任特派员期间,积极在安溪南安一带开展抗日爱国宣传教育工作,并发展一批优秀地下党员。1943年8月5日,叶文霸在完成任务返回安溪城关时,突然遇到军警盘查。他急中生智,及时把身上携带的党内密信吞入腹中,但被搜出有自己同志周杰的入党志愿书,因而被捕。被捕后饱受酷刑,他只坚称自己就是周杰,从而保护同志,保护党组织的机密,也保护闽南地区党组织的安全。随后,他被押解到三元梅列(今三明市)集中营,不久被敌人杀害,年仅23岁。

叶振汉　安溪县参内乡人,著名的归侨教育家,1920年5月出生。先后就读于集美高级师范学校、广西大学文史地学院。在广西大学求学时,就在中共地下组织的领导下,以校学生会主席的身份,积极组织学生参加抗日救亡活动。1941年大学毕业后,到内迁大田、安溪的集美商业学校、农林学校、集美初中担任文史教员。1943年,到广西柳州协助担任集美实业公司经理的叔父叶渊,为集美学校筹集经费。1947年4月在厦门参加共产党,曾担任中共闽中厦门工委负责人,1947 年 9 月,因身份暴露,转移香港,在中共闽浙赣泉州中心县委驻港支部从事统战工作,1949 年 10 月返回福建。

　　中华人民共和国成立后曾先后任惠安一中、福州二中、福州一中、福州师范学校校长。1953 年,经陈嘉庚提名调任集美中学校长、书记。在集美中学工作期间,认真执行陈嘉庚的办学方针,深受陈嘉庚的赞扬。1975 年,奉调担任集美航海学校党委副书记、集美航海专科学校校长、党委书记。他不负众望,努力工作,为我国航海教育事业做出了积极的贡献。他还担任集美学校侨联会名誉主席,集美学校校友总会理事长等职。1984 年在集美病逝。

　　白文爽　又名白灵爽,1926 年出生于安溪县。毕业于集美初中 60 组。1946 年参加中国共产党,1948 年任集美水产航海学校地下党支部书记。1949 年 2 月毕业于集美水产航海学校高 19 组,后在泉州地区从事革命活动。1949 年 5 月奉组织调派到香港的华夏公司工作。先后在东方轮、德尼娜轮、碧兰浦轮、雪堆山轮等货轮担任驾驶员,投入严酷的冲破美蒋海上封锁的斗争,把国内急需的物资运到北方港口。1957 年调到公司办公室管理货运业务。1959 年调北京中国对外贸易运输总公司管理租用外国轮船及对违约外轮进行索赔工作,曾任副处长。1988 年经外贸部评定获高级工程师职称,同年受聘任中国海事仲裁委员会委员、仲裁员。1990年退休，1991年续聘任海事仲裁员。

白开新　1928年12月出生于安溪县。1948年1月，毕业于集美水产航海学校高17组，1946年加入中国共产党，1947年担任中共(闽中)集美学校工委委员兼水产航海学校党支部书记。1948年9月到上海担任船员。1949年5月奉调到香港华夏公司，后转到中波海运公司船上任二副兼政委。1961年起先后任中波海运公司格尼亚分公司航运处长、上海总公司党委委员、航运处长；中国远洋运输总公司租船处长，青岛远洋运输公司航运处长，1980年后任副总经理、巡视员。其间，总结推行气象导航技术经验，获山东省科技二等奖。1986年任中远(集团)总公司驻香港代表处总代表。1989年2月被评定教授级高级工程师。由于他富有管理远洋运输企业的经验，在深圳、厦门远洋公司初创时期，被聘请担任顾问。

叶亚伟　女，1933年生，安溪县人。就读于集美初中65组、高中30组。1947年参加中共闽中地下党，任集美工委委员、女生支部书记。

1949年10月厦门解放，叶亚伟被安排在市委组织部工作。1954年升任鼓浪屿区区长。1962年调任市民政局副局长。1973年任市民事局副局长，分管知青工作，妥善安置了几万名上山下乡老知青，被称为"慈母般的好干部"。1982 年调任市劳动局副局长,为解决青年就业,特别是女青年的就业问题竭尽全力。

1984 年起,担任厦门市妇联主任兼党组书记,其间被全国妇联评为"全国优秀妇女干部""全国三八红旗手""全国家庭教育园丁奖"等荣誉称号。1993 年离休后,任厦门市台属联谊会常务副会长,广泛团结联系台属,为两岸交往及统一祖国大业发挥余热。

丘一平 1932 年出生于同安县,1947 年加入中国共产党,1948 年就读于集美中学高中 30 组。1949 年年初,参加中共闽西南厦门临时工委,是 3 名委员之一,负责厦门、集美和安溪游击区的联络工作。1956 年到中共中央党校深造。1972 年调福州大学任教。1976 年粉碎"四人帮"后,他在《福建日报》连续发表《反动的资产阶级派性必须批评》等数篇文章。1978 年 5 月,他旗帜鲜明地著文支持《实践是检验真理的唯一标准》这篇文章,参加了全国性关于真理标准的讨论。1985 年,他被任命为中共福建省委党校常务副校长,并被选为中共福建省委委员。1989 年,调任福建省政法干部管理学院党委书记兼校长。1993 年离休后,任福建省法学会常务副会长和《法制瞭望》编委会主任。

六 画

朱积垒 1905 年生于平和县九峰镇,1923 年就读于集美学校师范部,在校期间积极投身学生运动。1926年3月进入广州农民运动讲习所第六期学习,同年6月加入中国共产党,到北伐军东路军政治部从事宣传工作。10月受命以国民党中央农民部特派员的身份,随北伐军回到平和开展工农运动。1926年12月在家乡上坪村组建中共平和支部,任书记。1927年1月中共闽南特委成立,任特委委员。

　　1927年大革命失败后,他转入农村开展农民运动,组织武装斗争。同年9月任中共平和县委书记兼县农民协会会长。1928年2月组建福建工农革命军独立第一团,任团长兼"平和暴动"委员会总指挥,率部攻打平和县城,揭开福建土地革命斗争新篇章。暴动遭挫后,率部转入平和西北山区开展游击战争,组建中国工农红军第二营,创建革命根据地。1928年8月奉命赴广东大埔工作时被捕,1929年4月英勇就义。

　　江德贤　化名杨柳青,1906年出生于永定县湖坑乡。1925年前后在集美学校念书。1926年10月参加北伐战争。1927年5月加入中国共产党,并任国民革命军第四军二十五师七十三团排长,随军编入叶挺领导的"铁军",即中央独立师,同年参加南昌起义。11月,随起义军进入闽西,参加永定暴动。此后奉命到厦门,以中共福建省委特派员身份到泉州开展工作。他以南安莲塘小学教师为公开身份,秘密发展党员,使该校成为党的活动阵地,进而开办平民夜校,组织农民协会,培养发展革命力量,建立农村支部。1929 年 9 月,建立中共泉州特别支部,并担任书记,为泉州党组织的发展壮大做出重大贡献。1930 年 4 月不幸被捕,随后被押往福州审讯,历经酷刑,仍坚贞不屈,不久壮烈牺牲。

刘端生 1905 年生于广东省大埔县。1921 年考入集美学校师范部。他受到苏联十月革命和五四运动的熏陶,并通过阅读《向导》《新青年》等进步刊物而接受社会主义新思想。1924 年,他与校友罗明、罗扬才等成立了福建省青年促进社,领导厦门地区青年学生运动,传播《向导》《新青年》等书刊,并编发《星火周刊》,在教师学生中进行革命思想启蒙工作。1925 年 6 月,刘端生在集美加入共青团,1926 年 3 月加入中国共产党。1927 年任中共闽南特委委员兼组织部长,同年 5 月,任中共厦门市委书记。1928 年当选为省委委员。

1930 年,他因发动群众在中山公园举行反帝集会,遭国民党当局镇压被捕,后经省委组织破狱营救,调任中共闽西特委委员、中共汀连县委书记。

1932 年 3 月 7 日,在肃清"社会民主党"事件中被错杀,中华人民共和国成立后被追认为革命烈士。

江河流 原名江启渊,祖籍厦门,1920 年出生,1936 年遵父命从海外归来,到集美中学就读。1937 年"七七"

事变后,他积极投入抗日救亡运动。闻知闽西、闽南红军被改编为新四军第二支队准备开赴抗日前线时,便带领30多位同学前往龙岩参加新四军。1938年3月,担任新四军二支队三团政治处民运股长,并加入中国共产党。他善于做思想工作和群众工作,是一位出色的民运干部。他在安徽泾县、南陵、铜陵和凤凰山地区发动群众,建立抗日组织,开展减租减息和大生产运动。1941年1月皖南事变时,随部队突出重围,同年3月在安徽无为县姚家沟反击国民党顽固派的作战中英勇牺牲。

　　许　虹　原名许剑莹,广东普宁人。1917年出生于泰国,1928年随父回原籍。中学毕业后任小学教师。全面抗战爆发后,他在广东揭阳参加中共领导的抗日救亡活动。1941年寄读厦门大学。1942—1943年,在内迁安溪的集美中学任教。解放战争期间,在集美学校、厦门侨师等校任教。他组织进步文化人士在厦门创办文艺刊物《明日文艺》,与进步教师一起组织中教联,支持学生爱国民主运动。1947—1949年任厦门《星光日报》"星星"副刊编辑。团结大批文艺工作者和爱好者,在报纸上揭露黑暗、歌颂光明,为贯彻党的文艺方针历尽艰辛,在闽南文坛有较大影响。1949年春转赴香港,并加入中国共产党,继续辛勤笔耕,为香港《大公报》撰稿。中华人民共和国成立后历任汕头《星华日报》总编辑、饶平一中校长,兼中小学教师联合会主席。1959年逝世,遗作有《撒布革命火种》。

刘双恩　1909年生于泉州百源村（现属鲤城区）。1922年考入集美水产航海学校,1927年毕业后从事海运工作。1932年,利用海运冒险为东北义勇军运送军火。

抗日战争胜利后,他回到集美水产航海学校任教。1946年12月加入中国共产党,1947年10月任中共(闽中)厦门工委书记。他利用领港员身份,以其收入大部分作为革命活动经费,并积极领导革命活动,成效卓著。

全国解放前夕,他奉命转香港工作,筹组海轮运送大量物资和大批民主人士到北方解放区港口。在成功指导"海辽"轮起义回连云港后,接着参与策动香港招商局所属十几艘轮船先后起义。中华人民共和国成立后调北京工作,历任中国海事仲裁委员会委员,外贸部运输总公司副总经理、副总工程师、运输局副局长等职。为我国远洋、外贸运输事业创建、发展做出重大贡献。1978年在北京逝世。

刘松志　原名刘崇基,1914年出生于莆田市白沙乡,1925年,考取集美水产航海学校渔航科,1931年8月毕业,经过多年的学习和实践,积累了丰富的航海经验,成为优秀的航运专家。抗战期间回到内迁安溪的集美高级水产航海学校,先后担任船艺教师、教导主任。任职期间,他重视对学生的培训工作,为国家航海事业的发展培养和输送了大批人才。

抗战胜利后，集美高级水产航海学校返迁集美。1948 年，刘崇基担任校长，延聘中共党员刘双恩担任航海专科教员，邀请进步教师来校工作。5 月，加入中国共产党，改名刘松志，成为集美学校党总支成员，经常往返于集美和厦门之间开展革命活动。

1949 年 8 月，刘松志在党组织安排下，去香港担任华厦企业有限公司的总船长、总经理，积极筹建我国自己的船队，努力开创外运事业。抗美援朝期间，他多次航行国内外港口，将国内急需的战略物资及时安全运送到目的地，1955 年调回北京，任中国对外贸易运输总公司海运处、租船处、国外企业处处长及总工程师等职，为我国外贸运输事业做出重大贡献。"文革"期间受到迫害，下放河南省劳动，1984 年 5 月在北京病逝。

许钦文　原名许绳尧，1897 年 7 月出生于浙江绍兴。1917 年在浙江省第五师范学校毕业后，在小学任教。后受五四运动思潮影响到北京半工半读，并在《晨报》副刊上发表许多小说。1933 年入狱，经鲁迅等左翼作家营救后于次年出狱。1934—1936 年在集美中学担任国文教师。1949 年，到浙江师范学院工作。

中华人民共和国成立后，许钦文担任浙江省政协常委、中国民主促进会中央委员、中国民主促进会浙江省副主任委员、浙江省文联副主席、全国鲁迅研究会理事、中国作家协会浙江分会副主席等职。1984 年 11 月在杭州逝世。

孙炳炎 1912 年出生于集美孙厝村（今属侨英街道），1926 年从陈嘉庚创办的乐安学校高小毕业后赴新加坡谋生，1932 年，与兄长共同在新加坡创办森林集团。抗战时期，他响应陈嘉庚的号召，积极参加南侨总会的活动，组织义卖、义演，大力宣传抗日救国。1942 年 2 月，新加坡沦陷，为躲避日本宪兵搜捕，孙炳炎藏匿在芽笼、樟宜一带。1947 年，当选为新加坡中华总商会董事。1965 年，担任新加坡中华总商会会长。

中华人民共和国成立后，他多次参团或率团回到祖国，签订多项贸易和投资协议，并促成首批水泥、钢筋、铁钉出口贸易，打破西方国家对我国的贸易封锁。

1981 年，孙炳炎率新加坡华商访闽团，到福州、厦门等地考察，达成多项贸易和投资协议，大力支持集美的教育事业。2002 年 4 月，在新加坡逝世。

庄恭武 1925 年 8 月出生于厦门市东孚镇。1946 年考进厦门国立第一侨民师范学校。1948 年参加中国共产党，同年 9 月担任学生自治会主席。

1953 年 10 月任集美华侨学生补习学校副教导主任，1954 年兼任中共集美学校支部代理书记，1956 年 7 月任集美侨校副校长、副书记。"文革"期间遭受迫害，被下放、外调。1978年秋任集美侨校筹办主任,继续主持和领导集美侨校党政工作,直到1987年10月离休。庄恭武先后撰写《侨生特点与教育任务》《集美侨校校史简况》《陈嘉庚与集美华侨补校》《陈嘉庚与华侨教育》等论文13篇,他还兼任陈嘉庚研究会会刊编委,并连任两届集美侨校校友会理事长、集美校友总会顾问。2007年逝世。

汤晓丹　原名汤泽民,1910年出生于华安县仙都镇,童年时侨居印尼,1920年回国。1928年在集美农林学校学习时,因参加学生运动被开除学籍。后去上海,1931年加入天一影片公司任布景师,第二年任导演。先后导演戏曲片《白金龙》和故事片《飞絮》《飘零》等。1934年后在香港执导影片《翻天覆地》《金屋十二钗》等。全国抗日战争爆发后,导演抗日影片《上海火线后》《小广东》《民族的吼声》等。抗日战争胜利后返回上海,拍摄了揭露国民党腐败统治的《天堂春梦》等影片。

中华人民共和国成立后,任上海电影制片厂导演,执导了反映革命战争和人民解放军战斗生活的《南征北战》《渡江侦察记》《红日》《南昌起义》等优秀影片。2012年在上海逝世。

许集美　1924年生,晋江县安海镇人。1939年加入中国共产党。曾任中共泉州中心县委特派员、书记,闽中游击队泉州团队指挥员兼政委。1945 年 9 月,许集美到集美学村发展中共党员,1946 年 2 月任中共厦门市工委书记,1946 年 7 月任闽中地委委员兼泉州中心县委书记,1948 年 1 月任闽浙赣人民游击纵队泉州团队指挥员兼政委。在闽南开展反内战、反饥饿、抗捐、抗税、抗征兵等群众运动和游击战争,成功策反 3 名国民党少将以及国民党三二五师 1000 多名官兵起义,带动了晋江、南安、同安等县地方武装的起义,对解放军顺利解放泉州地区起到重要作用。

中华人民共和国成立后,许集美历任晋江县县长,泉州市长,中共晋江地委统战部部长,晋江专署专员,共青团福建省委副书记,中共三明、莆田地委副书记。在“文革”期间和“文革”结束初期遭受长期迫害。1983 年彻底平反后,担任福建省侨务办公室副主任,福建华侨投资公司副董事长,福建省第五、六届政协副主席。2016 年在福州逝世。

许新识　1928 年生于福建晋江,1947 年 2 月毕业于集美水产航海学校。1945 年参加中共闽中地下党,曾任支书、集美学校工委副书记,开展学运工作。毕业后奉派到上海组织领导在上海的集美航校校友中的闽中地下党员,任党小组长、党工委负责人。1948 年奉派到香港参与筹建华夏公司船队,冲破美蒋的封锁禁运,把急需物资运往解放区,承担运送在港的民主人士和党的干部秘密回到北京的任务。

1952年,许新识调任到北京中国对外贸易运输总公司,历任科员、副处长、驻英国公司代表、高级工程师等职。1973年任我国驻阿尔巴尼亚大使馆商参处二等秘书。1982年任香港华夏公司副董事长、副总经理兼华通船务公司董事,为新中国航运和外贸运输事业的创建和发展做出积极贡献。

刘祖丕 1922年出生于惠安县。先后在惠安县立简易师范、集美中学求学,在校期间,积极投身于爱国抗日运动。1941年1月加入中国共产党。同年秋在惠东荷山小学任校长,以职业为掩护,开展抗日宣传活动。1942年冬,转移到惠北的选青小学任教,积极发展地下党组织。1943年3月任中共惠安县特派员,领导惠安县地下党组织工作,在全县各地建立地下交通站。1943年9月奉命到省委、特委机关学习,参加整风学习班。1945年3月被调到省委特委机关,分配到南日岛、湄洲岛从事敌后工作,担任第一支队指导员。根据上级指示,计划把海上武装撤回大陆,到惠(安)仙(游)交界的山区打游击,因计划失败,转入隐蔽活动。中华人民共和国成立后在福建省公安厅工作。

七 画

陈 纲 1899年出生,建宁县人。1920年考入福州优级师范学校,接受五四运动新思想,1921年赴马来亚华侨中学任教。1922年回国到集美学校任教,积极参加学生运动。一年后转至厦门中华中学任教。1924年5月投入国民革命,到广州考入黄埔军校一期。毕业后任国校教导二团二营上尉排长,加入周恩来领导的"中国青年军人联合会"。1925年2月随军东征陈炯明。省港大罢工时,他参加反帝示威游行集会。6月23日下午路过沙面租界对面沙基街时,被英国水兵、巡捕突然开枪袭击,不幸牺牲。

巫丙熹　1902出生,广东省丰顺县潭江镇人。1921年考入集美学校师范部,在校期间,与罗扬才、李觉民等同学组织集美学生读书会,一起学习马列主义学说。1925年毕业后留在集美小学任教,1926年,由共青团员转为中共党员,任集美小学党支部书记。当年暑期回乡宣传和组织发动农民参加农会,后调到汕头以开书店为掩护,从事地下工作,并接任《岭东日日新闻》的报务工作。

1927年"四一二"反革命政变后,白色恐怖波及广东。4月14日晚,汕头市宣布戒严,国民党军警分别包围市党部、总工会、罢工委员会和《岭东日日新闻》报社。巫丙熹与敌人据理抗争,被捕后英勇不屈,壮烈牺牲。

杨世宁　原名杨德怀,1906生于龙岩县万安乡。

1922年9月前往集美学校师范部就读。1924年春,他和同乡同学谢景德共同创办进步刊物《到民间去》,主张到劳动人民中间去,了解和研究社会问题,探寻社会变革的道路。10月,他参与组织成立"新龙岩季刊社",创办《新龙岩季刊》,积极宣传新文化,抨击封建军阀的黑暗统治。

1924年年底,杨世宁参加国民党左派组织福建青年协进社。1926年5月,成为中山大学福建革命青年团主要领导人。1926年夏,福建革命青年团成员纷纷返回福建,为北伐军进入福建推翻北洋军阀统治做准备,他也回到厦门,与中共党组织取得联系。1927年1月,中共闽南特委成立,杨世宁成为特委委员。同月,担任中共厦门市委工运委员,随后,担任中共领导下的厦门总工会副委员长。

1927年4月9日,杨世宁与罗扬才一同被捕。6月2日深夜,他和罗扬才一同在福州市郊鸡角弄英勇就义。

张大宣　又名张端峭,永春县鳌峰镇人,1903年出生,1920年就读于集美学校师范部。1924年春,他回到家乡,动员各方面的力量创办鳌西村第一所小学,命名为日新小学(现鳌西小学)。他白天在日新小学任教,晚上和假日到其他学校串联,酝酿成立学联会。1925年,进入厦门大学深造,1926年夏加入中国共产党。1926年11月,他奉中共厦门特支调派回永春,组织当地第一个农民协会,并任主任,发动农民协会开展减租减息、抗捐抗税和斗争不法地主的活动,深受贫苦农民爱戴,为党组织的建立打下基础,成为永春农民运动的先驱。

"四一二"反革命政变后,张大宣不顾个人安危,继续为大众的利益奔走呼号。他领导的农民协会所进行的革命活动,直接触动了地方军阀和豪绅地主的利益。1927年9月,张大宣在泉州遭敌人暗杀。

陈国华　1904年出生于龙岩县曹溪乡。青年时期在集美师范求学期间接受民主革命思想,积极参加学生爱国民主运动,宣传新文化新思想。1924年在厦门加入国民党。1925年秋辍学到漳平,参与改组国民党漳平县党部,抨击伪装革命的国民党右派,唤醒民众。1926年夏秋间赴龙岩发动群众,团结进步力量,反对土豪劣绅,为迎接北伐军做了大量工作。

1927年1月,陈国华加入中国共产党,与郭滴人一起在龙岩开展工人运动和农民运动。同年4月15日,国民党右派在龙岩发动"清党"事变后受到通缉,不久在漳平被捕,经党组织营救于同年8月出狱。在白色恐怖下转入农村建立公开农会、秘密农会、中共党支部三位一体的农村基层组织,发动农民进行减租减息和合理摊派公路捐及各种杂税斗争。同年12月,中共龙岩临时县委成立时当选县委委员,代表龙岩县委出席在漳州召开的中共闽南、闽北临时特委委员和各县委负责人联席会议。会后根据中共"八七"会议精神和省委联席会议决议,与郭滴人、邓子恢、罗怀盛等人于 1928 年 3 月 4 日领导了著名的后田农民武装暴动,揭开了福建农民武装暴动的序幕。

　　1928 年 7 月在龙岩被国民党暗探逮捕。在狱中坚贞不屈,组织难友开展绝食斗争,积极筹划越狱。同年 8 月在漳平县城北门外与谢宝萱同时就义。

　　苏发全　1902 年出生于惠安县涂岭乡。1927 年前后就读于集美农林学校,在校期间参加革命,同年加入中国共产党。北伐战争时期,积极组织学生民主爱国运动,迎接北伐军进入厦门。1927 年 4 月厦门的国民党右派发动"清党"后,在集美农林学校隐蔽坚持革命斗争,历任共青团福建省委书记、中共福建省委工运部部长,组织和指导青年学生运动、工人运动,培养了大批干部和革命斗争骨干支持土地革命斗争。1930 年 5 月因叛徒出卖在厦门被捕。在狱中历经酷刑,坚贞不屈。同年 7 月在厦门被敌人杀害,壮烈牺牲。

　　吴敦仁　1906 年出生于惠安县涂岭乡。1921 年秋考入集美学校师范部,积极参加革命活动。1926 年 2 月,参加集美同学回乡宣传队,到惠安开展反帝反封建的宣传活动。同年 12 月,加入中国共产党。1927 年,担任中共惠安县临时县委学生支部负责人,并担任由共产党协助成立的国民党惠安县临时党部的组织干事和县联合会执委。

　　大革命失败后,他转移到涂岭乡村,以鼎新小学教师的身份为掩护,坚持开展农民运动。1927 年 8 月,担任中共惠安特别支部林角支部书记,随之组织农民自卫军,并在党的领导下开展了轰轰烈烈的抗捐斗争。12 月 1 日,涂岭农民自卫军近千人更名为惠安工农革命军,多次粉碎了敌人的"围剿"。1930 年 6 月,任中共涂岭区委负责人。7 月,任中共惠安县委委员,加紧开展武装暴动准备工作。1930 年 9 月,他组织惠安暴动失败后,临危不惧,仍然坚持党的工作。不幸在当年 12 月 26 日,被地主恶霸收买的匪徒暗杀而牺牲。

　　陈　正　原名陈成都,1905 年出生于永定县下洋乡古洋村。1922 年秋,考进厦门集美学校师范部,阅读马列著作和进步刊物,积极参加学生运动。出版《晨钟》杂志,组织"金峰新剧社",传播新文化、新思想。1924 年夏,创办下洋公学并任教务长,宣讲马列主义和革命道理。1926 年冬加入中国共产党,受组织委派返回下洋公学任中共党支部书记。

　　大革命失败后,他组织工农赤卫军,会同张鼎丞率领的队伍,攻打大浦县城,在永定开展游击战争。1928 年 6 月 29 日,陈正参与指挥永定暴动。不久任中共永定县委书记,中共闽西特委委员,参与领导创建闽西苏区的游击战争,成为闽西红军的创始人之一。1930 年 3 月 18 日,当选为闽西苏维埃政府执行委员兼文化部长。随后担任中国工农红军第九军(后改称红十二军)政治部主任,红二十一军政治部主任,参加中央苏区第一次反"围剿"作战。

1931年4月,陈正在闽西地区肃清"社会民主党"错案中蒙冤,罹难于永定县虎岗乡。1945年中共七大期间得到平反。

陈仕烈　1912年出生,广东普宁人,马来亚归侨学生。1933年就读集美高级水产航海学校。1933年年底,参加校内成立的爱国组织反帝同盟会,1934年春加入共青团。同年夏天,厦门团市委调他参加训练班学习,后留在团市委主持宣传发动群众工作,兼任集美各校地下团联络员。他经常带领同志到南普陀后山或闹市区巧妙地散发团市委编印的《团的武器》刊物及其他宣传品,勇敢机智地躲过敌人的监视,还购买大量印刷用的油墨纸张,运回团市委机关,有时在繁华的中山路口假装跟警察聊天,出其不意,就将宣传品迅速贴在岗亭背板上,引起过路群众观看;有时利用黑夜在街旁墙上张贴革命标语,以扩大宣传,唤醒群众。他行动果断敏捷,使敌人无从查处。

1934年10月由于叛徒出卖而被捕,受尽酷刑,坚贞不屈,严守组织秘密。后被押送到福州复审,他仍大义凛然,宁死不屈,1935年春在福州西门鸡角弄刑场英勇就义。

邱泮林　又名邱焕名、林清华。1907 年出生,广东省大埔县人。1921 年夏考入集美学校师范部就读,1924年加入国民党,1925 年 5 月与罗扬才等人加入中国共产主义青年团。1926 年转为中共党员。1927 年 1 月中共闽南特委成立,被选为闽南特委委员兼秘书。翌年 1 月任中共厦门区委书记。

国民革命失败后,邱泮林历任中共福建省临时省委秘书长、宣传部部长等职。1930 年 5 月,任福建省委特派员,8 月调任江西省委书记,1931 年列席中共六届四中全会,因反对王明"左"倾机会主义路线,被撤销党内职务,派往上海从事工运工作,与罗明一起组织学生抗日。1933 年在上海被捕入狱。同年被营救出狱后,回家乡中学任教,他把共产党的主张、革命道理、进步思想、科学知识传授给学生。1937 年秋,他与罗明一起在学校建立党的教师小组和学生支部,根据抗日民族统一战线政策,在学校实施抗日救国教育,开展抗日救亡革命活动。在他的教育引导下,许多学生后来加入了共产党,成为革命的骨干力量。1938 年在家乡逝世。

李　林　女,原名李秀若,1915 年生于龙溪(今龙海),三岁时随养母侨居印度尼西亚。1929 年,回国就读集美学校。1933 年,就读上海爱国女中,其间积极参加学生抗日救亡运动,参加中国共产党外围组织"中华民族解放先锋队"。

1936年10月,李秀若改名李林,参加山西牺牲救国同盟会,接受军事训练,并加入中国共产党,任特委宣传委员兼女子第十一连党支部书记。

卢沟桥事变后,她奔赴抗日前线,参与创建雁北革命根据地。历任八路军雁北抗日游击八支队支队长、八路军骑兵营教导员,转战长城内外,屡立战功。1940年4月26日,李林率八路军骑兵营为粉碎日寇九路围攻,掩护机关和主力突围时英勇牺牲。

陈康容　女,原名陈月容,祖籍永定县岐岭乡,1915年在缅甸出生。15岁随父回乡就读于集美学校,她深受革命师友影响,积极参加进步活动。1934年为避免国民党当局注意,回缅甸执教于仰光华侨女中,同时参加华侨抗日救亡活动。1937年11月,党组织送她到龙岩中共闽西南特委第一期训练班学习,改名陈康容,随后参加闽西游击队。1938年3月,闽西南红军游击队改编为新四军二支队北上抗日,陈康容留在闽西游击区组织抗日活动,任岐岭党支部宣传委员、支部书记。

1940年,国民党发动第一次反共高潮,闽西抗日形势逆转。是年8月因叛徒出卖被捕,9月17日英勇就义。陈康容英勇就义后,中共永和浦县县委组建"康容支队"。

陈柏生 1901 年生,龙岩县东肖镇后田村人。1924 年进集美中学读书,开始宣传新文化,接受马克思主义,后加入共青团,1927 年 1 月转为中国共产党党员。不久,奉调到厦门等地从事青运和学运。同年 12 月任共青团福建临时省委宣传部长。1928 年 4 月代理共青团省委书记。1929 年 1 月正式任团省委书记兼中共福建省委巡视员。1930 年 2 月出席在厦门召开的中共福建省第二次党代会和共青团福建省第二次代表大会,仍任团省委书记。1930 年 3 月在厦门中山公园举行"三一八"纪念大会时被捕。在狱中仍坚持革命斗争。1930 年 5 月在厦门"五二五"劫狱中胜利获救,被送往闽西,不久调上海团中央工作。1931 年 1 月后,因反对"左"倾机会主义路线,受王明等人排挤打击,后任安徽省团委书记。1934—1936 年到苏联学习,回国后因上海党组织连遭破坏,未能接上关系。经多方寻找,1937 年 9 月终于与党组织取得联系,随即参加中国青年新闻记者协会,积极从事党的抗日救亡工作,并做出贡献。1940 年 10 月茶陵县逝世。

陈文杞 1904 年生于莆田县常太镇。1923 年考入集美学校师范部,1925 年考入黄埔军校第五期工兵科,次年中断学业,随军参加北伐。北伐战争结束后返回军校,继续完成学业。毕业后历任连长、大队长、团长等职。1941 年,陈文杞任新编 27 师参谋长,所部驻守山西省中条山。1941 年 5 月 7 日,中条山战役打响,陈文杞率部与敌拼死决战,数度击退日寇攻击。日寇为了达到目的,多次向中国军队施放毒气,致使战局危急,许多阵地被日寇突破。陈文杞在战局极其不利的情况下,仍然坚守阵地三个昼夜,与敌血战到底。5 月 9 日,日寇再次组织进攻,中国将士与敌展开白刃战,双方陷入混战状态,陈文杞在与敌寇拼杀的过程中,身中数弹,壮烈牺牲,为国捐躯。

李毅然　　1909 年出生于南安县石井镇,1925 年前后在集美学校师范部学习,1926 年冬加入中国共产党。1927 年 1 月在南安水头、丰州组织反帝大同盟,建立中共南安县特支并担任书记,在南(安)同(安)边区领导农民运动。大革命失败后,被迫流亡越南,与彭友圃一起在河内主持闽侨学校。1930 年回国。1932 年 6 月与彭德清建立中共莲河支部。1934 年 7 月担任厦门中心市委联络员,帮助市委书记余南建立中共晋南县委和南同边区区委,积极发动群众开展抗捐税、抗租债、抗苛政的斗争。1936 年年底,受中共厦门工委指派到莲河恢复党组织并成立抗敌后援会。1938 年成立中共龙门支部并任书记,秘密开展地下工作。1940 年 8 月,隐蔽在南安梅山、水头一带坚持斗争,指导南同边区党支部工作。1941 年赴广西桂林寻找党组织。1942 年在桂林病逝。

张旭高　又名张昭明，1903 年出生于龙岩县曹溪乡。1924 年在集美学校就学时参加学生运动，随后就读中山大学和上海大学。1926 年年底北伐军入闽后辍学回龙岩参加革命，任岩平宁（龙岩、漳平、宁洋）政治监察署专员，组织国民革命运动。在中共龙岩县总支委员会支持下，开办宣传人员养成所，培训农民运动骨干。1927 年龙岩"四一五"反革命政变后遭到通缉，转至漳州，后在厦门加入共产党，担任中共平和县委书记。

1929 年，张旭高组织领导平和暴动。暴动失利后转到上海。1930 年南渡菲律宾，1932 年后在马尼拉担任中学教师，向学生传播革命思想和爱国主义教育。抗日战争爆发后，倡导组织华侨文化界抗日救国会，设立青年战时服务团，介绍不少学生回延安参加革命。亲率中外记者考察团回国，深入抗战前线，收集大量资料和照片，撰写许多反映祖国战地实况的新闻报道。1942 年 1 月，马尼拉沦陷后隐居乡间，仍为抗日游击队递送消息，筹集经费。1943 年 9 月曾被日军俘获，因未暴露身份而获释。1944 年 1 月再次被捕，随即被日军杀害。抗日战争胜利后，华侨和当地人民在马尼拉市单独为他建立纪念碑。

张稚生　又名张墀生，1903 年出生于惠安县崇武镇。1920 年就读于集美水产航海学校旧制第 1 组。在校期间，成绩卓著，深受诚毅、爱国、报国精神的熏陶，成为富有爱国思想的青年。全面抗战爆发后，他立志投笔从戎。1939 年,只身赴福州,向在军政部任职的爱国将领李良荣面陈抗日决心,李良荣委任他为连长。张稚生随军转战福州、南平一带,英勇战斗,立下战功。1944 年升任营长。是年 9 月率部在连江抗击进犯日军,寡不敌众,营指挥所被日寇包围。他率营部人员奋力突围,与敌人展开肉搏战,他身中数弹,壮烈殉国。

陈天裕　1928 年出生于安溪县彭格乡。1946 年到集美水产航海学校渔航 18 组学习,在校期间参加中共闽中地下党组织。他积极为党工作,对群众进行宣传教育,努力培养、发展进步同学入党。1949 年 2 月毕业后回安溪参加解放家乡的武装斗争。家乡解放初期,残余的反动势力十分猖獗,他坚决地带领群众与以伪保长为首的匪帮进行殊死斗争。1950 年,他不幸被敌人杀害,牺牲时年仅 23 岁。

杨　骚　原名杨望照,1900 年出生于漳州。少年时就读集美中学。1918 年到日本留学,1924 年冬辍学回国。次年 3 月返回漳州,创作大量新诗。1927 年年底,到上海从事创作。1930 年 3 月,中国左翼作家联盟在上海成立,杨骚为诗歌组负责人之一。1932 年 2 月又回到漳州从事写作和翻译。9 月,他在上海参与成立中国诗歌会,倡导诗歌大众化。1936 年发起签名成立中国文艺作家协会。抗战爆发后,南下福建从事抗日救亡文化宣传,在福州发起组织文化界救亡协会。后跟随作家前线访问团至中条山、太行山等战地慰问。"皖南事变"后,到新加坡帮助陈嘉庚主编《民潮》,开展抗日宣传。

1952年9月携家眷从印尼雅加达回国,历任广州作家协会副主席、中国作家协会广州分会常务理事、广东省人大代表。1957年病逝。主要作品有:抒情诗集《受难者的短曲》《春的感伤》《半年》和多部诗剧集、剧本集、散文集。

李文端 今翔安区新店镇浦园村人。1925年前后在集美中学读书,后到上海大夏大学学习。1929年任金门县金沙小学校长。1930年在厦门发起组织"普罗学社",接受中共厦门市地下党组织领导,积极开展革命宣传活动。1930年秋,经中共福建省委书记罗明介绍加入中国共产党。1931年9月,任中共惠安县委书记。1932年年初,组织领导惠北农民武装抗捐运动。同年9月和10月,先后担任中共厦门中心市委职工部长和组织部长。自1932年5月起,因王明"左"倾路线在党内占统治地位,李文端领导的"抗捐运动"被打成"盲动主义"和"富农主义",被组织审查,最后他与党组织脱离关系。

中华人民共和国成立后,李文端在晋江县青阳镇建新药房当职员,直至1957年逝世。

陈嘉庚 1874年出生于同安县集美大社。1890年秋赴新加坡随父习商。1906年起,经营农工商多种产业。1910年加入中国同盟会。武昌起义后,被新加坡闽侨推举为福建保安会会长,资助孙中山及革命党人的活动。1913年起,在集美先后创办幼儿园、中小学、师范、水产、航海、商业、农林、国学等各种学校,及图书馆、科学馆、体育馆、医院等公共设施。1921年创办厦门大学。1924年在新加坡创办《南洋商报》,在华侨中宣传反帝。"九一八"事变后,积极从事抗日救国活动。1938年倡立南洋华侨筹赈祖国难民总会,任主席。曾任国民参政会参政员。1940年3月,率南洋华侨回国慰劳视察团归国。5月去延安,考察敌后解放区抗日情况。次年组织闽侨总会。新加坡沦陷后,匿居印尼期间撰写《南侨回忆录》巨著。1946年在新加坡创办《南侨日报》,宣传爱国民主运动,1949年9月出席中国人民政治协商会议第一次全体会议。

中华人民共和国成立后,历任中央人民政府委员、中华归国华侨联合会主席,当选全国人大常务委员、全国政协副主席。1961年在北京逝世。

李觉民　1902年生于永定县岐岭乡湖河村,1921年进入集美学校师范部读书,努力追求救国救民真理,进而信仰马克思列宁主义。在校期间,他主动写信与在上海的共青团中央联系,汇报思想和闽西南政治、社会情况,成为福建早期的马列主义传播者之一。1926年5月,他出席国民党福建省第一次代表大会，被选为省党部执委，并参加省党部工作。

1926年冬，李觉民被无辜开除党籍。蒋介石发动"四一二"反革命政变后，他到武汉寻找党中央准备恢复党籍，但看到陈独秀与汪精卫发表联合宣言，认为陈独秀已经变成革命取消派，断了恢复党籍的念头。此后，长期在江西南昌市税务部门担任职员。

中华人民共和国成立后，他回到永定家乡，先后任生产队和大队会计，"文革"期间的1970年，被打成"美蒋特务""历史反革命"，被关进生产大队的暗室里，即写下遗书服毒自杀。

杨竹志　晋江石狮人。1946年2月在集美高中25组上学时，加入中国共产党。同年8月任中共集美学校工委委员兼中学支部书记。1947年6月至1949年1月任工委书记。面对白色恐怖，他大智大勇，以党组织为核心，依靠进步师生，通过各校学生自治会，发动了"反迫害、争民主"、抗议杀害浙江大学学生于子三和"反美扶日"等大规模学潮。他上台演讲，起草宣言，率领群众冲破阻力，到厦门和同安游行示威。他在对敌斗争中讲究策略，有理有节，取得显著效果，既配合了全国学生运动，也保护了地下党的安全。高中毕业后，他担任中共石狮区工委书记，组织群众，武装群众，迎来石狮的解放。

中华人民共和国成立后,杨竹志历任石狮区副区长、泉州桐山区长、卫生局长、泉州七中校长兼支书、侨中支书、华侨大学中文系总支书记、晋江第一医院党委书记。"文革"期间遭到错误审查,含冤去世。1985 年 9 月,获得平反。

张宗麟　幼儿教育学家。1899 年出生于浙江绍兴。1925 年毕业于东南大学教育系。1927 年春加入中国共产党,后因大革命失败,与党组织失去联系。1931 年春,他来到集美学村,担任乡村试验学校校长。1933 年 2 月离开集美后,到南京协助陶行知兴办晓庄师范、生活教育社、国难教育社。1941 年参加新四军,后到延安大学任教。1944 年被选为边区文教模范。1946 年 5 月,重新加入中国共产党。担任太行山北方大学文教学院院长,华北大学教育研究室主任,北京军管会教育部副部长,华北高等教育委员会秘书长。

中华人民共和国成立后,历任教育部高教司副司长、高教部计划财务司副司长、计划司司长。著有《幼稚园的社会》《幼稚园的演变史》《幼稚教育概况》《张宗麟幼儿教育论集》等。1957 年被错划"右派",1970 年下放到安徽凤阳劳动。1976 年 10 月 14 日在上海病逝。1978 年 12 月,教育部党组对他的错划"右派"案给予纠正。

汪万新　别名汪洋,1903 年出生于厦门。1922 年毕业于集美学校师范部,1923 年,任海澄县树人小学教师。1924 年南渡印尼巨港,初任中华学校小学教师,第二年任校长。1930 年起,在印尼巨港、新加坡等商埠经营杂货商店。1942 年年初,日军侵占东南亚,汪万新携家眷避居郊外。日本投降后,先后在马来亚槟城、巨港、新加坡等地经营土产,任昆兴公司副董事长。

1952 年,汪万新被英国殖民当局以共产党员嫌疑拘捕,同年回国,并加入中国民主同盟,担任北京华侨辅导委员会干事。1954 年调任厦门市侨联副主席,参与创办厦门水产养殖场,捐资兴办华侨托儿所、华侨中学、华侨热带作物引种试种场。1960 年任厦门侨务局副局长,历任全国侨联委员、福建省政协委员、福建省华侨事务委员会委员、厦门市侨联副主席。1978 年逝世。

杨新容 原名杨欣荣,1907 年出生于海澄县白水镇金鳌村,1923 年考入集美学校师范部。1925 年,在集美学校读书期间加入福建青年协进社。1927 年 1 月加入中国共产党,被党组织送入漳州农工运动讲习所学习。同年 12 月到鼓浪屿光华小学任教,并担任中共鼓浪屿支部的宣传委员。1928 年到上海深造,任中共闸北区委宣传联络员。1933 年,到海沧担任沧江小学校长,在此期间,他参与领导"反帝大同盟"的革命活动。

1934 年,因党组织遭破坏,杨新容不得不南渡印尼。他在印尼配合当地华侨成立捐助祖国慈善事业委员会,在南侨总会的统一领导下,开展支援祖国抗日各种募捐和宣传活动。1939年,与党组织恢复联系后,积极贯彻党的抗日民族统一战线政策。1942年春,日寇占领印尼后,他转入地下工作,参与组织爪哇共产党华侨支部,并担任支部书记。

中华人民共和国成立后,杨新容被推举为雅加达华侨团结促进会主席。1953年,他根据组织决定返回祖国,参与北京归国华侨学生中等补习学校的创建,先后任该校教导主任、副校长和党组书记。1956年5月,调回集美,先后任集美归国华侨中等补习学校校长兼党支部书记、厦门市政协常委、厦门市侨联副主席。1982年逝世。

苏　节　1904年出生于永定县南溪乡。早年求学于集美学校师范部和厦门大学。1926年参加北伐战争,同年冬,在福州任东路军第四军政治部组织科上尉科员。后南下广州任《新声日报》编辑。广州起义失败后到新加坡,先后任南洋关丹商业学校、怡保培南学校、进德学校教员、校长和《星洲日报》主任。1933年回国,参加十九路军抗日反蒋运动,福建事变失败后避居香港。1941年香港沦陷后,返回福建任省政府专员。1947年到香港。1949年年初参加中共华南局领导的福建建设促进会。

1949年10月厦门解放后,苏节先后担任厦门市文化局秘书、副局长、局长,中国农工民主党厦门市主任委员,厦门市政协副主席。1987 年逝世。

陈伯达　原名陈建相,1904 年出生于惠安县岭头村。1919 年考入集美学校师范部。在集美师范学校读了两年半后,回到惠安担任小学教师,一年后到厦门任教。1924 年到上海进入上海大学文学系学习。在此期间,初步接受马列主义理论的教育。1927 年 4 月加入中国共产党,同年赴苏联莫斯科中山大学学习。1930 年年底回国,负责中共顺直(即河北)省委宣传部工作。1933 年初,受组织委派赴张家口做吉鸿昌部队的工作。1935 年 12 月,参与领导"一二·九"运动。1936 年担任中共中央北方局宣传部长。1937 年年底赴延安,先在中共中央党校和马列学院任教,后任毛泽东同志政治秘书。

中华人民共和国成立后,陈伯达历任中共中央政治局委员、政治局常委。在"文革"期间因参与林彪反革命集团被羁押,1981 年 8 月获准保外就医,1988 年 10 月刑满释放,1989 年在北京病亡。

李纯青　1908 年出生,原籍安溪县龙涓乡,1918 年冬,随父亲赴台北大稻埕定居,1922 年返回故里续学。1925 年考入集美师范学校,其间积极参加学生运动,被推选为学生会主席。1929 年考入上海大陆大学,旋转南京中央政治大学社会系就读。

1934 年加入中国共产党,在厦门任中国民族武装自

卫会福建省闽南分会组织部长，参与筹划和组建中共安
(溪)南(安)同(安)边区特支组织，指导并安排干部组建
安南同边区红军游击队，开展游击战争。1936年经组织
安排到日本留学。"七七"事变后回国投入抗日洪流，担
任《大公报》专栏记者，撰写大量宣传抗日的政论文章。
抗战胜利后，他以《大公报》记者身份前往台湾，接触各界
人士，宣传中共的政治主张，出版《献曝》一书，主编《台湾
评论》杂志。1946年冬返回上海，任职《大公报》评论员
并主编《时代青年》周刊。

　　中华人民共和国成立后，历任上海《大公报》副总编
辑、天津《大公报》副社长，1954年任中共中央宣传部政
策研究室和外交部国际关系研究所研究员。1954年6
月加入台湾民主自治同盟，任第一、二、三届台盟总部副
主席。1957年因"反右"扩大化受到错误批判和处分。
后在"文化大革命"中又受到冲击。1977年11月恢复主
持台盟工作。1987年11月转任台盟中央评议委员会主
席。历任第一届全国人大代表，第二、四、五、六、七届全
国政协常委。1990年在北京逝世。

　　张问强　1906年12月出生于永定县岐岭乡，1926
年毕业于集美中学11组。1927年南渡印尼。1931年回
国旅居汕头，出任《星华日报》编辑，利用副刊登载爱国进
步文艺作品。1933年写《蒋介石与袁世凯》社论，痛斥蒋
介石不抵抗主义。"七七"事变后，他发起组织"汕头青年

救国同志会"，推动潮汕青年抗日救亡运动。1939年汕头沦陷，他转到香港，1941年香港沦陷，又转回揭阳县五经富聿怀中学教书。1942年到梅县任《汕报》总编辑，因宣传爱国民主被迫害。1945年到龙岩的《闽西日报》社工作，曾被捕入狱，经友人营救出狱。1947年逃难到香港，任《星岛日报》主笔及南方学院讲师。

1949年回广州南方大学任校刊总编辑，后又奉调去香港，任《周末报》社委会主任、主笔兼总经理。1959年调任《循环日报》总编辑，并增办《正午报》和《天方夜报》。1974年，调任香港《文汇报》顾问。在香港期间，曾任福建旅港同乡会理事长，永定名誉会长；他关心家乡文教建设，担任福建省政协委员、闽西大学副董事长，1992年逝世。

李典谟 1910年出生，集美兑山村人（今属侨英街道），13岁时赴南洋投靠父亲。父亲辞世后，他承袭家业，经营制售龙凤礼烛和煤炭业务。1940年，出任槟城汽车司机公会主席，积极投入陈嘉庚领导的筹赈救亡运动，出面组织槟城精神义务讲播队。他深入街区、乡镇开展筹赈救亡宣传，号召海外华人踊跃捐款，报效祖国。1944年6月，李典谟被侵占马来亚的日本军政府逮捕入狱，判刑15年，他在狱中受尽酷刑，坚贞不屈，曾以头触壁，血喷如泉，昏厥倒地。一年多以后日寇战败投降，槟城数以万计的市民迎其出狱。

李典谟出狱后,所经营的产业迅速发展,开办了燕标肥皂厂,与友人合创"大中公司",后改为"协议贸易公司",专营印尼土特产进出口业务。曾任马来西亚华人政党"马华公会"中央总会委员、槟威州分会宣传主任、丹绒区区会主席、马来西亚李氏宗亲总会主席、名誉主席。1993年逝世。

陈村牧　1907年出生于金门县后浦镇。1920年考入集美中学。1931年厦门大学毕业后,受聘回母校任集美高中、高师教员。1934年春任集美中学校长;1937年被聘任为集美学校校董。抗战期间,陈村牧组织学生参加各种抗日团体,组织集美各校内迁山区。抗战胜利后,主持集美学村校舍复建工程。

集美解放后,陈村牧协助人民政府完成解放厦门的支前任务。1956年1月,被聘为集美学校委员会委员;4月,担任集美侨校副校长,分管后勤总务工作。"文革"期间,集美校委会停止活动,他遭受不公正待遇,被分配到集美中学图书馆。

1979年,政府为陈村牧落实政策,他先后担任福建省政协第四、五、六、七届常委,厦门市农工民主党名誉主委,福建省和厦门市金门同胞联合会名誉会长,集美校友总会理事长、名誉理事长,厦门大学校友总会名誉理事长,集美学校委员会顾问等职务,为促进爱国统一战线事业和祖国和平统一大业做出了积极贡献。1996年8月

29 日逝世。

汪静之　1902 年出生于安徽绩溪，1920 年到浙江第一师范学校学习。1921 年与潘漠华、柔石、冯雪峰等左翼作家组织晨光文学社，出版《晨光》周刊，1922 年参与组织湖畔诗社。1926 年到集美学校师范部任教。1927年到武汉任北伐军总政治部宣传科编纂，并任《革命军日报》副刊及《劳工月刊》编辑。大革命失败后，先后在上海、南京、安徽、山东等地任教。全面抗战爆发后，任中央军校广州分校国文教员。1946 年后，任徐州江苏学院中文系、复旦大学中文系教授。中华人民共和国成立后担任北京人民文学出版社编辑。著有诗集《蕙的风》《湖畔》（与他人合集）《春的歌集》（与他人合集）《寂寞的国》《父与女》及《作家的条件》《李杜研究》等学术作品。1996 年10 月逝世。

李维三　厦门后浦人，1930 年 3 月出生，1947 年就读于集美中学高中 27 组。1949 年 3 月参加共产党。先在集美中学、南安县任新民主主义青年团支部书记、总支书记。后到南安永春一带参加游击战争，曾参加解放永春战斗。1952 年到厦门大学工作，长期从事高校教育管理工作。1972 年，负责筹建厦门大学航海系工作。1980年在筹办厦门大学建校 60 周年之际，为弘扬陈嘉庚爱国主义精神，他组织力量开展对陈嘉庚爱国思想、教育思想和经济思想等方面的专门研究,组织人员撰写《陈嘉庚兴学记》《陈嘉庚传》《侨魂》等专著。1982年,他参与创建厦门大学经济学院。他发扬开拓创新精神,经过锐意改革,使厦门大学经济学院在全国同类院校中,形成了自己的特色和优势,会计学、统计学、财政金融学成为全国重点学科,在学术界处于领先地位。1999年病逝。

陈乃昌　安溪县龙涓乡人,1910年出生于印度尼西亚。1924年返回祖国,在集美学校师范部学习,其间在中共广东区党委和共青团区委领导下开展革命活动,在集美学校秘密建立和发展国民党左派组织"福建青年协进社",参与创办《星火周报》。1926年11月,他赶赴同安迎接北伐军,代表集美党团组织邀请北伐军派人到集美学校演讲。

1927年,陈乃昌加入中国共产党,并从集美师范学校毕业,后在厦门、上海、南京等地从事学生运动。1931年,调到北平从事党的赤色工会工作。同年冬,在中共北平市委领导下,兼任中国左翼作家联盟北平分盟党的理论宣传工作,后奉调继续专任党的赤色工会工作。抗日战争时期,陈乃昌担任《大公报》特约记者、战时公债劝募委员会宣传组长、中央银行专员、国民革命军政治部第三厅对敌伪宣传主任。在周恩来的单线领导下,从事地下工作和对国民党上层有关人员的统战工作。抗战胜利后,他遵奉在上海"坚持隐蔽的工作方针",机警沉着地从事党的秘密工作,1945 年参加发起组织中国民主建国会。先后兼任上海大夏大学、复旦大学、震旦大学哲学、政治经济学教授,同时参加组建九三学社工作。

上海解放后,先后担任上海市房地产管理局处长、上海市财经委员会委员。1953 年后,任民建中央宣教处处长。1954 年担任中共中央统战部处长。1960 年担任中共中央马恩列斯著作编译局研究室主任。1961 年到中国国际贸易促进委员会任研究员。1981 年担任中国国际贸易促进委员会顾问。1993 年 12 月离开工作岗位,2004 年 6 月在北京逝世。

张海天　1920 年 5 月出生于惠安。抗战时期到集美农业学校求学,1941 年冬在集美航海水产学校读书期间投身革命。1944 年由党组织介绍到惠安狮峰小学任教,以职业为掩护,建立地下交通站,开展武装斗争。同年 10 月加入中国共产党。1945 年春,任中共港乾支部书记,领导群众开展反"三征"、反饥饿、反内战、反迫害的斗争。1947 年 10 月,任中共(闽中)惠安县工委委员兼惠东工委书记,领导惠东一带地下斗争,加紧党的组织建设,建立革命武装,打击敌人。1949 年 2 月,任惠安人民游击大队副队长。

中华人民共和国成立后,任中共惠安县委常委副县长,晋江专署建设科科长,农业局局长、副专员等职。1985 年离休后,担任泉州侨乡开发协会副会长。2004 年在泉州逝世。

李友九 1917 年出生,集美兑山村人(今属侨英街道),在鼓浪屿读完中小学,1935 年考入清华大学,参加"一二·九"运动,1936 年 6 月加入中国共产党。抗日战争时期,担任过冀西游击队政治指导员、河北临内县委书记、山西武乡县书记、太行区第七地委组织部长。解放战争时期,历任安徽金寨县委书记、鄂豫区第四地委书记、湖北黄冈地委书记兼军分区政委,在淮海战役中担任师长。

中华人民共和国成立后,历任湖北黄冈地委书记、中南局政策研究室秘书长、中南财经委员会副秘书长、中央农村工作部二处处长、《红旗》杂志社常务编辑、广西区党委书记处书记、中央农村工作部副秘书长、甘肃省委书记处书记、甘肃平凉地委书记。1970 年任兰州军区某军军长,后任兰州军区副司令员。改革开放后,历任甘肃省委党委、农林部副部长、农业部副部长、农牧渔业部顾问、全国人大法律委员会顾问。1995 年离休,2005 年 1 月在北京逝世。

陈辛仁 1915 年 11 月出生,广东普宁人。1928 年就学于集美商科学校第 9 组,在集美学校参加爱国学生运动。后离开集美回到汕头,转入金山中学,继续与地下党联系,传播革命书刊。高中毕业后,在北平、东京、上海等处从事左联文化工作。1937 年 12 月加入中国共产党，1938 年夏到新四军工作，历任团政治处主任、师政治部宣传部长、新四军(华东军区)宣传部长、华东局宣传部长。

中华人民共和国成立后，历任中共福建省委常委、省委宣传部长，福建省委副书记，福建省人民政府副主席，后任北京外交学院党委书记、副院长。1954 年起，历任过我国驻芬兰、伊朗、荷兰、菲律宾等国大使，国务院对外文委第一副主任，文化部顾问等职。2005 年 7 月在北京逝世。

陈顺言 1924 年出生于集美。1948 年集美商校毕业后，到华侨开设的益美碾米厂担任会计。1949 年 6 月加入中国共产党，任中共集美学校工委集美码头交通站负责人。8 月，国民党军队败逃厦门、金门诸岛，军统特务毛森在厦门搜捕中共地下党员。厦门工委分三批将党员转移出岛，陈顺言在集美码头接送数十位革命同志至同安县新三区总部。9 月 18 日，他受地下党组织委派，潜入厦门岛，取回国民党军队厦门布防图、电报密码和用于作战的 6 只手表。然后，他化装侦查国民党守军固守集美的军事设施，绘制成敌军布防图，为人民解放军解放集美和厦门岛做出贡献。

中华人民共和国成立后，陈顺言被安排到同安县财粮科工作，1953 年 12 月调任集美镇首任镇长，1957 年 2 月任厦门市郊区工委副书记。1961 年 8 月，下放劳动。

1981 年 12 月,获得平反,恢复名誉。2005 年逝世。

张奋生 1919 年 5 月出生于云霄县。1936 年毕业于集美中学初中 43 组,后到福建警官训练所学习。1940年起,历任诏安县和清流县警察局长、厦门市警察局开元分局局长。1946 年参加民联(民革前身之一)。1947 年起,在中共厦门地下党的领导下,秘密从事革命活动。1949 年 9 月,在漳州一带协助解放军做后勤工作,10 月随军参加解放厦门战役。

1956 年 12 月至 1985 年,历任民革厦门市委秘书处副处长、组织处处长、市委常委、专职副主委。1988 年,任厦门民革市委主委。1992 年任厦门民革市委名誉主委。历任厦门市政协第七届、第八届副主席。1998 年 3月离休。2007 年逝世。

张　连 原名林绿竹,1920 年出生于安溪县龙门镇。1937 年从事抗日救亡工作,1938 年 9 月,受党组织安排到内迁安溪的集美学校就读,秘密开展学生工作。1939 年加入中国共产党并任中共安溪龙门支部书记。1940 年秋,当选集美学校学生会主席。1946 年、1947 年两次受党组织委派到台湾从事秘密工作,其间参加领导上海暨南大学学生运动,担任全国学生抗议美军暴行联合会常委、宣传部长。1948 年 5 月参与组建中共泉厦临时工委并任书记,指导集美学校党的组织建设,还任中共安溪中心县委及闽粤赣游击纵队团副政治委员。

中华人民共和国成立后,历任永春县长,中共德化县委代书记,晋江专署副专员,中共晋江地委常委、副书记,福州军区对台办及福建省委对台办专职副主任,福建省地质局副局长,福建省科委副主任、顾问,中共福建省顾问委员会常委。2017 年在福州逝世。

李金发 永春县桃城镇人,1920 年出生于马来亚麻坡。1936 年 6 月,受抗日救亡运动的影响,回国参加抗日。先在集美中学初中读书,1937 年冬,参加广州青年抗日先锋队。1938 年经武汉、西安到旬邑县陕北公学,同年 12 月毕业,转入延安抗日军政大学。毕业分配到八路军一二〇师,1940 年任该师副排长,参加百团大战。战役结束后参加武工队。1942 年,随军开荒挖窑洞。1944 年任团军需股长。解放战争时期,历任副连长、连指导员、营教导员,1947 年随军在陕北作战,参加青化砭、羊马河、沙家店等战役,负过重伤。1948 年,在宝鸡、凤翔等地作战;1949 年 5 月至 6 月,在关中平原作战,参加解放西安的战役;7 月,随军向大西北进军,进入青海和新疆。

1950 年,任团政治处副主任,参加剿匪战斗。1952 年,任师政治部组织科长,随部队赴朝作战,开展多次固守战和反击战,其间任志愿军总部政治部组织科长。

1958年10月25日,随部队回国,1960年任团政委。1962年,随部队进入漳州龙海;1963年,调任解放军总政治部驻广州联络局,后被派往国外从事隐蔽工作。1970年4月,任广州军区政治部联络部副部长,1983年,以正师级退休。

陈纯元　1922年生,惠安人。早年在省立晋江中学、省理工学校、集美高中、集美水产学校求学。在校期间思想进步,积极参加抗日宣传活动。1942年6月加入中国共产党,积极开展活动,团结进步青年,传播革命思想,参与组织领导学生运动,反对国民党的反动统治和不抵抗政策,被校方开除。辍学后在惠安家乡以教书为掩护,发展地下党组织,开展武装斗争。1945年4月任中共惠安县工委书记,参加泉州中心县委召开的"安海会议"。1945年6月被捕,释放后去台湾,转上海,持续保持地下"航联"外围组织关系。1949年春节前后,在上海与海员支部接上关系,随后参加南下服务团,任团部总务处文书、管理员。

中华人民共和国成立后,先后在厦门市卫生局、工商联、水产局工作,任厦门水产进出口公司经理。20世纪60年代初期,被派驻香港中孚行、华远公司任职。

八　画

林心尧　1905年出生于永定县虎岗乡,1921年考入集美学校师范部学习。在校期间,与李觉民等人创办《星火周报》刊物,担任《星火周报》编委。他积极参加中共两广区委和国民党左派组织领导的校内外各种进步活动,经受考验和锻炼,成为进步学生的骨干分子。

1924年夏天,林心尧从集美学校毕业回到永定家乡,1925年加入国民党,创立国民党(左派)永定县党部。1926年1月,由罗杨才介绍加入中国共产党。3月,在厦门参加国民党福建省第二次代表大会。同年夏,受命回闽西发展党的组织,建立中共永定湖雷支部,这是闽西最早成立的中共党支部,使永定的革命运动进入新的阶段。1926年9月赴潮汕地区联系北伐军进驻永定事宜。同年10月北伐军克复永定后,历任汀属政治监察署秘书、闽西八县社会运动人员养成所筹委会主任,他还参与建立中共上杭支部,并担任支部书记,积极发展党的力量,领导成立上杭全县工、农、学、妇组织和农民自卫武装,壮大革命力量。

1927年5月8日,林心尧在武平县被捕,惨遭毒刑,被打断了双腿,仍然坚贞不屈。5月9日英勇就义。

罗扬才 1905年生于广东省大埔县枫朗乡。1921年3月考入集美学校师范部学习,1924年成为广州共青团市委的通讯员,在集美学校推销《中国青年》,宣传中国共产党对时局的主张,开展秘密的革命活动。9月,与李觉民等人在集美学校成立革命组织"福建青年协进社",

12月毕业后考入厦门大学预科班,1925年12月升入教育系,参加学生会的领导工作。

1925年6月,罗扬才加入共青团。为支援上海工人的"五卅"运动,他参与组织学生集会示威游行和罢课,深入工厂发动工人。在他的领导下,厦门工人举行罢工,捐款支援上海工人,坚持抵制英、日货。这是厦门工人运动的先声。同年11月,罗扬才加入中国共产党。1926年2月,厦门大学成立福建第一个党支部,罗扬才担任党支部书记,同时致力于工人运动。同年7月,国民革命军从广东出师北伐,罗扬才为了迎接北伐军入闽,在厦门工人中积极展开活动。发动轰轰烈烈的"罢山罢海"斗争。1927年1月24日厦门总工会成立,罗扬才任委员长。在总工会的领导下,厦门工人运动由经济斗争转为政治斗争,共产党的主张日益深入工人群众之中。

1927年4月9日,国民党驻厦门海军陆战队林国赓部包围了厦门总工会,罗扬才被捕。6月2日深夜,罗扬才在福州市郊鸡角弄从容就义。

周邦彩　河南省唐河县人,1904年出生,1919年考入河南留学欧美预备学校。1924年加入共青团。同年夏到南京东南大学学习,12月考入黄埔学校第三期。在校期间参加左派学生组织的青年军联合会,并加入中国共产党。1926年参加北伐战争,担任十七军第二师党代表兼政治部主任。同年11月16日,应邀到集美学校发表演讲,充分肯定了集美学生正在酝酿的第三次学潮,推动了集美学校的学生积极投入国民革命的洪流当中。

1927年国民革命失败后,周邦彩奉命到贺龙率领的二十军任军官教导团参谋长,并任中共支部书记,负责全团的思想政治工作。8月1日,他率领军官教导团参加南昌起义。8月5日,随军撤离南昌。在会昌战役中,他率部配合主力部队全歼敌军,受到朱德的表扬。10月,他征得朱德同意后到上海找到中共中央。同年冬,周邦彩受党中央派遣回河南组织农民武装斗争,发展党的组织。1928年5月24日,周邦彩先后领导了汝南高平寺起义和白塔寺起义。7月28日,他担任水屯起义总指挥,率领30多人,攻破北门,直捣敌人指挥部。但不幸在掩护大队撤退时与部队失去联系,落入敌手,惨遭杀害。

林权民　1911年出生于惠安县东岭乡。1928年年初,就读于集美学校师范部时走上革命道路,后被开除出校。1928年参加中国共产党。1929年7月,作为青年学生党员代表参加惠安县第一次党代会,并被选为县委委员,后任共青团惠安县委书记。1930年9月,参加组织领导惠安暴动。暴动失利后,不顾个人安危,返回惠东地区做善后工作,10月16日被反动当局逮捕,后英勇牺牲。

练宝桢　1906年出生,武平县象洞乡人。1924年考入集美学校师范部就学,其间接受革命思想。1927年7月回乡,以学校教员身份作掩护,自觉地开展革命活动。1927年10月南昌起义部队途经象洞,他连夜和起义部队联系,镇压地主恶霸。同年冬,加入中国共产党,不久任中共洋贝支部书记,1928年5月任中共武平临时县委委员。1929年9月发动象洞武装暴动,任暴动总指挥。随后任象洞区革命委员会主席,同年10月任武平县苏维埃政府主席。不久,练宝桢率武平红军游击队编入红四军第四纵队第三支队,转战闽西、赣南。1930年3月,任闽西苏维埃政府候补委员,杭武县苏维埃政府执行委员兼军事部长。1931年1月,被选为杭武县苏维埃政府执行委员。不久,任中共上杭县稔田区委书记,同年5月在闽西地区肃清"社会民主党"错案中蒙冤,在上杭白砂罹难。中华人民共和国成立后被追认为烈士。

林一株　毕业于集美学校师范部,大革命时期参加中国共产党,1929年,担任中共龙岩县委秘书、宣传部长。1930年2月,闽西苏维埃政府成立,担任秘书长、文化部长,同年11月改任裁判部长,12月,兼任闽西苏维埃政府肃反委员会主席。1931年春,他执行极"左"路线,以"肃清社会民主党分子"为名,罗织罪名,滥加杀戮。逐走傅柏翠的红军部队,错杀了林梅汀、吴拙哉、卢其中、罗育才、江桂华、邱伯琴、练宝桢、卢肇西、陈正、曾牧村、段奋夫等闽西红军主要干部,给党的革命事业带来巨大损失。

1931 年 7 月,郭滴人、张鼎丞接受毛泽东指示,采取果断措施,将林一株处决。

林师柴　1906 年出生于安溪县龙门乡。1925 年秋考入集美学校师范部,1929 年毕业后,先后在南安高山小学和安溪长坑崇德学校,以教师身份秘密从事革命活动。1934 年 8 月,担任安溪龙文小学校长,团结校内外进步师生,秘密开展革命活动。同年 11 月,加入中国共产党,受命开辟安同南游击区,任中共安同南临时特别委员会宣传委员及龙门党支部书记,发动群众建立农会、妇女会、赤卫队、互济会、儿童团和夜校等等,开展抗日救亡活动。1935 年春,任中共安同南特支书记,发动群众开展"五抗斗争",并在红二支队帮助下,建立群众武装。同年 9 月,在与敌军作战中被捕,10 月 5 日英勇就义。

罗迎祥　1911 年出生于仙游县钟山乡。1929 年在集美学校读书参加革命,毕业后投身家乡的土地革命斗争。1931 年加入中国共产党,曾任中共仙游县委委员,负责仙游城区党的工作和学生运动。后参加红军闽中游击队,开展游击战争。1938 年 4 月在泉州的闽中红军游击队奉命北上皖南抗日,编入新四军特务营二连任文书。不久调任新四军江北指挥部参谋、新四军军部参谋等职。1940 年奉命返回福建开展武装斗争。1947 年 2 月在莆田参与组建闽中游击队,4月任闽中游击队戴云纵队参谋长。7月在南安诗山山门的战斗中,纵队遭敌军千余人的包围,激战 7 小时,他率领一个班占领山头阻击敌人,指挥掩护部队突围,不幸中弹牺牲。

周清东　又名周士栋,1928 年 3 月出生于安溪县龙门镇,1947 年到集美高级水产航海学校学习,1948 年加入中国共产党。1949 年 5 月提前毕业,被党组织调往香港华夏企业公司从事船员工作。1952 年调中波海运公司工作,任哥德瓦尔特轮三副。周清波按照党组织的部署,组织船员投入反对美蒋对祖国大陆的封锁斗争。1954 年 5 月 13 日,美蒋军舰在琉球群岛附近将"哥德瓦尔特"轮劫持到台湾基隆,全体船员被国民党当局关押。周清东在狱中英勇斗争,坚决抵制美蒋特务的"策反"和"心战"阴谋。当他的共产党员身份暴露后,仍带领同志们坚持对敌斗争,视死如归。后被关押到火烧岛(绿岛)集中营。他曾经两次越狱,用简易材料扎成筏子试图漂回大陆,均因海潮原因未果。1955 年 10 月第三次越狱后,在山洞中隐蔽 20 多天,最终被敌人发现,在与敌军搏斗中当场壮烈牺牲。

林施远　原名林成茂,1909 年出生于安溪县龙门镇。1925 年就读于集美高级水产航海学校,曾担任学校学生自治会主席,积极参加抵制日货活动,接受马列主义启蒙教育。1939年在上海参加革命,1943年在苏南加入中国共产党。他受党组织委派,打进苏南地区伪昆山县政府,以秘书为掩护搜集日伪情报。抗日战争胜利后,他接受党的指派,负责接管日伪华中派遣司令部的印刷厂,担任该厂的翻译工作。利用工作之便,获得该厂秘密承印国民党军队的"全国军队整军方案"等重要情报,并将此送交中共中央华中局社会部部长谭震林,受到周恩来的嘉奖。1946年,林施远的组织关系由中共中央中联部转由中共南京市委领导,此后,他又将国民党国防部二厅、三厅合编的军力部署等绝密情报转交组织。

中华人民共和国成立后,先后担任南京军管航行部副部长、华东局统战部联络科长、华东军政委员会交际处交际科长等职,1961年逝世。

郑秀宝 女,又名林秋莹、黄毓秀,1924年3月出生于晋江一个菲律宾华侨家庭,1938年参加学校组织的抗日宣传演出。1940年秋,在晋江安海参加抗日救亡宣传活动。1945年1月,加入中国共产党。1946年春,与未婚夫施能鹤在厦门禾山开办一所小学。不久两人正式结婚,以教师身份为掩护,在禾山乡村建立了十几个党组织。1947年4月,调至中共闽中地委机关从事机要工作,8月,任中共厦门工委组织委员。1948年,任厦门工委代理书记、书记。在此期间,担任厦门大学支部、集美工委、侨师支部领导工作,还担任中共泉州中心县委与海澄漳州工委及其他地区党组织的联系人。

厦门解放后,在中共厦门市委组织部干部科工作。1950年初转任厦门市妇联筹委会副主任兼组织部长、市妇联主任、中共厦门市委妇委书记。1958年,调任中共杏林纺织厂党委书记兼厂长,随后转任厦门市中医院副院长。1963年,回任厦门妇联主任。"文革"期间被长期隔离审查。1978年5月含冤去世。1981年,中共厦门市委为郑秀宝平反。

罗　明　原名罗善培,1909年生于广东省大埔县。1920年考入集美学校师范部,1924年9月,与李觉民、罗扬才等人在集美学校成立革命组织福建青年协进社,1925年加入中国共产党。曾任中共汕头地委书记、闽南特委书记、福建省委书记。1928年赴莫斯科出席中共六大。1931年后任中共闽粤赣特委组织部长、福建省委代理书记。他因拥护和贯彻毛泽东关于开展游击战争,集中优势兵力,各个击破敌人的战略方针,1933年被作为"罗明路线"的代表遭到王明"左"倾冒险主义的错误批判。后调到瑞金中央党校工作。

红军长征时,罗明任中央党校教育处长,在随军途中受伤。遵义会议后,组织上决定留他与夫人谢小梅在贵阳开辟黔川滇边区,但与当地党组织未取得联系,便在安顺城里当清洁工人。后来,到上海寻找党组织又未果,因此失掉组织关系。1936年冬,回到家乡大埔任百侯中学考核股长、代理校长,与张鼎丞、方方以及中共大埔县委取得联系,又投身革命工作,并按抗日民族统一战线方针政策培养青年,掩护革命同志,积极推动当地的抗日救亡运动。

中华人民共和国成立后,罗明历任南方大学副校长、广东民族学院院长、广东省民族事务委员会主任、广东省政协副主席、广东省人大常委会副主任、全国政协常委。1980 年,经中共中央批准恢复党籍,1987 年在广州逝世。

林　仲　原名林启铎,1906 年出生于福州。早年就读于集美商校,1924 年在集美学校参加左翼学生运动,1926 年参加中国共产党,参加省港罢工委员会工作,并派赴苏联莫斯科大学学习。1931 年任中共福建省委《红旗报》主编。1931 年和 1933 年两次被捕,在狱中坚决不吐露身份,后保释出狱,到南洋从事爱国救亡工作。1937 年 10 月,到延安担任新华社编译、抗日军政大学教员、陕北公学教务长、八路军募捐委员会主任秘书、中组部训练班培练实习团团长、中宣部编译、马列研究院研究员、海外工委委员等职。解放战争期间,先后担任北平美、国、共军事调解执行部翻译科长,解放区救济总会驻沪办事处代处长等职。

中华人民共和国成立后,历任中国救济总会副秘书长、中国红十字会常务理事、中国人民解放军东北空军宣传部长、中华医学会副秘书长、中国科学院哲学社会科学情报室主任、江西共产主义劳动大学副校长、中南局理论工作领导小组副组长、广东社会科学院顾问等职。1990年在广州逝世。

郑公盾　1919年出生,长乐县人。1936年参加抗日救国活动。1938至1941年先后在厦门大学和广西大学学习,并加入中国共产党,曾任《救亡日报》的《青年政治》副刊主编。皖南事变后,回到福建参与地下党的领导工作,曾在内迁南安诗山的集美中学高中部任教。后去杭州从事史学文学研究和教育工作,1949年参加浙江省军管会文教部工作。

中华人民共和国成立后,先后担任《学习》杂志社办公室主任、代社长,《红旗》杂志社文艺组组长。"文革"中受严重迫害,1979年12月彻底平反,恢复名誉、党籍。1978年调中国科协,任科普出版社总编辑。1983年任中国科普研究所特约研究员,参与重建和创办《现代化》《知识就是力量》《中国科技史料》《科学大观园》等刊物。1990年被评为1949年以来成绩突出的科普作家。1991年在北京逝世。

林醒民　原名林敦星,1914年出生于南安县诗山镇。1935年7月毕业于集美水产航海学校。1934年春在厦门参加共青团,不久担任共青团第二区区委书记。1935年6月因厦门海员团支部遭敌人破坏,就到厦门港团市委机关隐蔽,参与编印《团的武器》,参加建设百万红军活动。1938年7月,上海中共地下党交通站将他送去苏北盐城新四军根据地,他在盐城参加抗大学习。1941年8月加入中国共产党。1943年任交通员,后到苏中团地委交通训练,任副队长兼副书记。抗战胜利后,先后担任苏皖边区交通局副局长、局长。

中华人民共和国成立后,担任福建省邮电局副局长,后调任上海市邮电管理局副局长,1983年离休。1995年在上海逝世。

林文庆　1924年出生于安溪县虎坵镇湖丘村。1944年8月,考入内迁安溪的集美航海学校附设省立高级水产学校。1945年5月,加入中国共产党,7月,任中共安溪新康区临时支部书记。1946年夏,任中共新康乡工委书记。1947年6月,被中共泉州中心县委任命为中共金南同工委书记,兼任集美省水党支部书记,在集美学校开展革命工作。为支援晋江地区的反"清乡"斗争,1949年5月,他组织、领导了围攻盐兵的战斗,先后出动游击队和群众武装2000人次。8月,担任中共同安县工委军事委员,同安游击大队大队长,领导游击队积极主动打击敌人,配合人民解放军解放同安。

中华人民共和国成立后,历任同安县人民政府秘书,县人武部部长,华东海军后勤部科长(大尉军衔)、浙江农业大学物理系主任、党总支书记,浙江三门县人委办公室主任,浙江三门中学党总支书记等职。1983 年 9 月退休,2005 年逝世。

林祖慰　1925 年生,惠安县人。解放战争期间在集美中学高中部学习,1948 年 10 月参加革命,并加入中国共产党。后任中共惠安县工委组织部长兼东南区工委书记,惠安县武工队长,积极配合解放大军解放惠安县。

中华人民共和国成立后,历任中共晋江县河市区区委书记、晋江专员公署秘书、中共晋江地委党校副校长、泉州市委党校副校长、福建省文史研究馆馆员。林祖慰长期从事文艺创作,发表诗歌、杂文、小说、评论、政论 20 多篇,著有《铁骨丹心》,主编闽粤赣边区革命故事丛书《血沃杜鹃红》。1978 年参加《汉语大词典》编纂工作,编写词条 70000 多条。1994 年被国家新闻出版署授予荣誉证书。2010 年逝世。

林志群　1923 年生,大田县武陵乡人,1938 年在大田第一中学读书时,加入中国共产党,后转入集美职业学校高农续学,任该校党总支书记。后历任大田县第一区委书记、闽中工委青年部长、大田漳平边委书记、南(平)沙(县)尤(溪)工委副书记,领导闽西北抗日救亡运动和反对顽固派的斗争。

1945 年 10 月,闽西北特委和游击队遭到国民党重兵"围剿"损失惨重。在严峻时刻,林志群义无反顾地接过红旗,继续坚持战斗。1945年年底,中共福建省委决定在南沙尤工委基础上重建闽西北特委,林志群任副书记,继续坚持斗争,迅速地打开闽西北工作新局面。1948年3月,林志群任闽西北地工委书记、闽西北游击纵队司令员兼政委,他放手发展人民武装,浴血奋战消灭敌人,配合大军解放闽西北全境。

中华人民共和国成立后,林志群任福建第二军分区首任司令员,永安地区首任专员。"文革"期间长期受到严重迫害,中共十一届三中全会后平反昭雪。后历任福州大学副校长、省委党史征委会副主任、省政协文史委副主任等职。2013年在福州逝世。

林文芳 1916年1月出生于印尼,祖籍安溪县龙门镇。长大后回国就学读于集美师范、集美农林学校。1938年在家乡龙门镇参加抗日救亡活动。1942年7月秘密加入中国共产党,后担任中共特别支部书记。他利用担任国民党龙门镇副镇长、镇长的公开身份进行秘密革命活动,建立"白皮红心"政权,掩护安南同工委活动。1947年11月,安南同中共党组织受破坏,他身份暴露,辗转上海和香港。1948年10月返回龙门镇,成立中共安南同临县工委,并担任书记。1949年4月,组建安南同游击大队,并担任大队长。他指挥游击队攻打龙门镇公所和官溪镇公所。8月,游击队配合解放大军解放安溪全境。

中华人民共和国成立后,历任安溪县龙城区区长、县教育科、司法科副科长,泉州第五中学副校长、第七中学校长,安溪文教部长,华侨大学化学系副主任、图书馆科长,永春北破华侨茶果场革委会副主任等职。2015年逝世。

林金狮　1927年生于安溪县龙门镇。1941年秋到内迁南安的集美中学求学,积极参加进步学生运动。1944年春,受中共地下组织委派任安溪溪内国民学校校长,参加地下革命活动。1945年12月加入中国共产党。1946年春任中共闽西南特委特派员的联络员,到集美高中以读书为掩护开展学生运动。同年秋回安溪龙门,仍为地下联络员。1947年5月被派往闽西游击区学习,10月返回任中共安南同县工委书记,12月被捕,在狱中坚持斗争。1949年1月经中共地下组织营救保释,3月回安溪担任安漳华工作队队长,发动群众,开展游击武装斗争的准备工作。1949年4月任中共安南同县工委书记兼游击大队政委,6月兼解放军闽粤赣纵队连长,参加解放安溪官桥、南安英都和反对敌人五路"围剿"的战斗。

中华人民共和国成立后,历任晋江军分区、华东军区驻广州情报站、福州军区参谋等职。2015年逝世。

林有声　1920年生于同安县内厝镇莲塘村(现属翔安区),7岁时随父亲赴马来亚,1936年回国在集美学校读书,参加集美学校抗敌后援会和战时青年后方服务团。

1938 年 9 月参加革命,1940 年参加百团大战,1942 年加入中国共产党,历任参谋、训练队长、军分区作战股长。解放战争时期,历任晋冀鲁豫野战军(后改中原解放军)团参谋长、副团长、师参谋长,参加陇海、大别山、淮海等战役。1951 年赴朝作战,任志愿军师参谋长,参加过金城、上甘岭等战役。

回国后历任陆军师长、十二军参谋长、江苏省军区司令员等职。1955 年被授予大校军衔、后晋升少将。荣获三级八一勋章、三级独立自由勋章、二级解放勋章、独立功勋荣誉章、朝鲜二级国旗勋章、朝鲜一级独立自由勋章。著有长篇小说《战斗到明天》,主编《鏖兵上甘岭》一书。

郑 坚 原名郑鸿池,1927 年 10 月出生于台湾省彰化县。1937 年回到大陆。1942 年就读集美农业学校。1945 年参加台湾义勇队从事抗日斗争。1946 年进厦门大学经济系学习,1947 年加入中国共产党,任中共厦门城工部厦门大学总支委员会委员。1949 年春,参加闽粤赣边区纵队,任中共安溪县工委执委兼永(春)德(化)大(田)工委书记。

中华人民共和国成立后,曾任解放军十兵团政治部台湾干部训练队队长,后来长期在福建省农业部门工作,1978 年任福建省前线广播电台副总编辑。1982 年,任全国台联专职副会长兼《台声报》总编、社长等职。1989 年离休后,应聘福建省泉州黎明大学首任校长兼党委书记、常务副董事长,第六届全国政协委员。

九　画

洪徽音　女,1910年生于龙海县石码镇。幼年在石码西湖小学就学,后升入集美女子中学。1926年11月,北伐军入闽,她毅然从集美中学停学回家,在石码参加党领导的工农运动,任石码妇女解放协会负责人。在漳州、石码人民"倒蓝反廖"运动期间,她代表石码妇女参加万人大会,声讨恶霸蓝汝汉的罪行。在"非基运动"中,她带头到漳州参加示威游行,向群众历诉帝国主义文化侵略的罪恶行径。她是漳州地区妇女运动先驱。

1927年2月,她参加中共闽南特委在漳州举办的工农运动讲习所,并在学习期间加入中国共产党。大革命失败后到厦门工作。不久与中共厦门市委书记刘端生结婚。1929年回石码担任家庭教师,开展地下活动。1930年5月,由党组织决定由石码调往闽西参加红军,1932年2月被定为"社会民主党分子",在长汀遭错杀。1954年被追认为烈士。

柯联定　又名柯祖平,1907年出生于惠安县螺城镇。1923年毕业于惠安中学,并参加革命斗争活动。后就读于集美学校师范部。1925年年底参加共青团。1926年10月,接受厦门总干事会和集美支部的指派,与王德彰回惠安筹备迎接北伐军,着手建立惠安地方团组织,是团组织的负责人。同年 11 月,又与王德彰带领"集美同学回乡宣传队"十多人回惠安,进行反帝、反封建、反军阀的宣传活动。1927 年,转为中共党员,并调往漳州组织农会,领导农运工作。1930 年年底,由漳州返回惠安时被土匪逮捕,后变卖家产而赎回,继续参加农运工作。随后几经周折,辗转于香港、浙江、厦门等地从事革命活动。1939 年以后,以宁波茶叶管理处股长、莆田人力运输公司股长、上海宫华公司总经理等公开身份为掩护,参加地下革命斗争。1947 年 10 月 14 日,不幸在海上遭遇强台风袭击而殉难。

钟　武　1905 年出生于武平县象洞乡。1922 年考入集美学校师范部,就读期间积极参加革命活动。1926 年加入中国共产党。1927 年 7 月集美师范毕业后,任厦门市成衣工会书记。不久受中共闽南临时委员会派遣,回到武平恢复和发展党组织。同年 10 月,中共武平特别支部成立,任书记。随后,以在武平中学任教作掩护开展工作。1928 年春,党的工作中心转向农村,大部分党员被派往农村山区开展工作,他逐渐与党组织脱离关系。后曾任国民党救乡团政治指导员、武平县国民政府教育局督学。1934 年加入国民党。1943 年调任龙岩县国民党县党部书记。1947 年任湖北省田粮处驻武昌督导等职。1948 年 7 月后,在上杭古蛟中学任教,1949 年 8 月辞职回家,1951 年逝世。

洪邃明　1912 年出生在安溪一个工人家庭。1936 年到闽北政和县谋生,1938 年 1 月返回安溪担任小学教师,1940 年 3 月加入中共闽中地下党组织。1941 年 1 月,到内迁安溪的集美学校图书馆,秘密担任党的领导工作。1943 年秋,在安溪集美高级水产航海学校(高水)组建一个党小组。1943 年 7 月至 1946 年 12 月兼任安溪《新报》记者,《青年报》副刊《人生》杂志和厦门《明日文艺》编辑,以报刊为阵地,大力宣传革命理论。1945 年 5 月,他在中共泉州中心县委直接领导下,在集美学校重新建立党组织。6 月,任集美学校党支部书记;9 月,分别建立了集美高水和省水两个党支部;1946 年 2 月,担任中共集美学校工委书记。1946 年秋,因身份暴露离开集美,到上海领导闽中地下党员。1947 年秋前往闽浙赣边区浙南游击区,1949 年 9 月,随解放大军回到厦门。1981 年逝世。

骆朝宗　1927 年生于台湾新竹,6 岁时被卖到福建惠安。1945 年毕业于集美初中,1948 年年初加入中国共产党。1949 年 2 月调集美学校任地下党总支书记,积极开展工作,发展党组织,通过学联发动了抗议南京"四一惨案"的大规模学生运动。5 月,他率领两批近 30 名学生党员和革命青年奔赴晋江参加游击队,配合大军解放泉州。9月，随闽中游击队编入中国人民解放军，此后历任连指导员、宣传干事、科长、县人武部副政委等职。

1979年，从部队转业后，历任尤溪工业学校副书记、泉州市台联常务理事、泉州市政协常委兼港澳台侨工作委员会副主任。1986年离休后，终于与阔别多年的台湾亲人取得联系，此后继续关注台湾回归，为祖国统一大业贡献力量。2006年逝世。

施能鹤　1921年出生于晋江安海，初中毕业后任乡村教师，其间接受党的教育并参加抗日救亡宣传活动，1942年6月加入中国共产党。曾任中共安海青年支部书记，晋江第一工委负责人。1945年任安溪工委委员。1946年2月，任闽工厦门工委委员，8月，调任泉州中心县委委员并兼任安南永工委书记，指导并参与集美学校党组织的组建工作。1947年5月在安溪被捕，1948年6月经泉州游击队劫狱救出。出狱后担任泉州中心县委厦门、海澄一线闽中地下党的联络工作。1948年9月到福建省委机关负责电讯室工作。

1949年担任福建公学教务主任、党支部书记。11月，调至厦门工作。1956年任厦门市副市长、第一副市长兼党组副书记，中共厦门市委常委、统战部长、工交部长。"文革"期间被错误批斗，停职审查。1984年任厦门市政协主席兼党组书记。1988年12月离休。2007年逝世。

十　画

郭子仲　1908 年出生于安溪县城厢镇。1924 年考入集美商科学校。1925 年五卅惨案发生后,他积极参加反帝斗争,被迫于 1926 年春转入厦门中山中学就读,并于当年春加入中国共产党。1927 年,厦门"四九"事变后,到厦门寿山小学任教。1928 年,在思明东路开办鹭潮书社,传播革命新文化思想。他接受党组织派遣,到南安县山后乡开办农民夜校和山后小学,传播马克思主义。1930 年春被迫离开山后小学,到蓬岛小学任教,以学校为阵地,成立了启慧社和互济会。暑假期间,返回山后乡,成立中共山后支部。这年冬天,参与组建中共安南永特区委员会,把三县交界处的农村革命力量联结在一起。1931 年 12 月,厦门中心市委成立中共安南永临时县委,他任委员并组建了安南永游击队。1932 年春,在山后领导农民协会进行反霸斗争。1932 年 4 月,任中共安溪中心县委委员。1933 年 2 月 4 日不幸被捕。4 月 10 日,在南安县溪美镇英勇就义。

郭滴人　原名郭上宾,是闽西红军和苏区创建人。1907 年生于龙岩县湖洋村佃农家庭。童年在家乡读小学,后来到集美学校师范部就读。1926 年春赴广州农民运动讲习所学习,改名滴人,立志"要点点滴滴为人民"。1926 年 6 月加入中国共产党,任中共龙岩县党总支组织委员、中共龙岩县委组织部长。

国民革命失败后,郭滴人在严峻形势下,组织和领导农民运动,1928年3月与邓子恢等领导了龙岩后田武装起义,组建闽西第一支游击队,坚持武装斗争。1929年5月,领导龙岩全县农民武装暴动,率领游击队配合入闽的红四军三打龙岩,全歼守城国民党军。龙岩县苏维埃政府成立后,郭滴人任主席,领导组建闽西红军第一团,任政治委员。1930年后,历任中共闽西特委书记、中共闽粤赣省委宣传部部长、中华苏维埃共和国政治保卫局福建分局局长、福建军区独立第八师政治委员。参加中央苏区历次反"围剿"作战。1934年10月随红三军团参加长征。到达陕北后,任中共陕北省委宣传部部长、中央局组织部干部科科长。1936年逝世。

郭光灿　1910年出生于缅甸彬文那市,原籍南安县蓬华乡。1928年春回国,到集美中学读书并加入共青团。1930年8月,返回缅甸彬文那市组织华、缅青年联谊会。1932年春,被英国殖民当局驱逐出境。回到厦门后与中共地下党重新取得关系,在厦门职业学校以学生身份为掩护,担任共青团市委书记。积极组织同学参加反帝大同盟,出版《晨光》壁报,为团市委刊物《团的武器》等撰写大量文章。1934年7月,担任中共厦门中心市委执委、共青团书记等职,组织团员和群众参加纪念十月革命等活动。中共厦门市委被敌人破坏后,他以特派员身份到安、南、永游击根据地巡视指导工作。1935年8月,中共安溪中心县委改组,他担任书记。同年冬,回厦门隐蔽待机,到星光日报社副刊当校对。1936年春,参与成立左翼团体实艺研究社。1937年逝世。

翁泽生　1903年出生于台湾台北,祖籍福建同安。1921年10月,在台北实业学校读书时加入台湾文化协会,积极参加抗日爱国运动。后到集美中学读书,在校期间,研读大量马克思主义和社会主义读物,曾回台北组织反对日本殖民统治的台北青年会,成为台湾最早的社会主义宣传者之一。

1924年从集美中学毕业后考进厦门大学,不久转入上海大学,受瞿秋白、恽代英的教诲,进步很快。1925年参加五卅运动,同年加入中国共产党。1926年年底回厦门从事革命活动。1927年2月,出任漳州农民运动讲习所教务主任。"四一二"反革命政变后,前往上海从事地下工作。1928年4月14日,参与联络台籍的中共党员,组织成立中共台湾地方党组织。1932年后,任中华全国总工会党团秘书长。1933年3月4日在上海被捕,并被移交给日本政府,被囚禁于日本监狱。在狱中受尽酷刑,始终坚贞不屈。1939年3月1日,因长期受折磨,生命危在旦夕,监狱当局即通知其在台亲属将其"保外就医"。不久病逝。

郭赞锷 1930 年 12 月出生,南安市人。1946 年前后就读于集美中学,1948 年 5 月在厦门大同中学加入闽西南地下党组织,先后担任闽西南地下党街道第二党支部委员、中共大同中学联合支部副书记等职。

中华人民共和国成立后,历任大同中学党支部书记,厦门市公安局、市委组织部干事,中共厦门市开元区委组织部组织员、副科长、区委副书记等职。1973 年 12 月至 1985 年 8 月任厦门第一中学党支部书记,1985 年 8 月至 1990 年 6 月任中共厦门市纪委副书记。1997 年逝世。

郭荫棠 1905 年出生于诏安县。1922 年考进集美学校师范部,后因参加学潮被迫辍学。1925 年赴南洋,1927 年在槟城加入马来亚共产党,被邀为《南洋时报》撰文,同年冬到缅甸,受聘为《仰光日报》编辑。1931 年春被驱逐回国,在中共厦门中心市委领导下,继续从事革命工作。1934 年秋,筹组成立中国民族武装自卫委员会闽南分会,他被选为主任,后因组织被破坏离开厦门。1935 年秋,到香港参加中国民族革命大同盟,参与主编宣传抗日民族统一战线的《民族战线》月刊。后到潮汕地区参加青抗会的宣传工作。1939 年回香港出版《为公》周刊,呼吁民主、团结、抗战。1941 年年底香港沦陷后回到福建,在泉州福建日报社主持社论,为第三战区《前线日报》战地记者。抗战胜利后,受聘为厦门《星光日报》主笔,积极撰写进步文章,抨击时政,同时支持爱国学生运动。

中华人民共和国成立后,历任厦门师范学校校长,厦门第四中学校长,福建师范学院及福建第二师范学院中文系讲师、教授。1987年离休。2005年在漳州逝世。

高景春　女,1926年出生于晋江,抗日战争时期,到内迁南安的集美中学学习,1945年1月参加革命工作,同时加入中国共产党。1946年1月,随着学校回迁,到集美从事党的工作。1948年1月,中共集美女生党支部成立,她担任支部书记。后因身份暴露,经组织安排调到德化游击区参加武装斗争。中华人民共和国成立后,长期遭受不公平待遇。在反对"地方主义"和"文革"动乱期间两次受株连和迫害,身心受到严重摧残。1970年被迫提前退职。1983年获得彻底平反后,担任三明地区卫生局副局长。1988年离休。2016年逝世。

十一画

黄其华　1902年出生于惠安县。早年肄业集美学校师范部,1925年毕业于福州青年会中学。1928年任厦门双十中学校长,他延聘优秀教师,倡导优良学风,使学校各项工作有了很大的发展。20世纪30年代积极参加抗日救亡活动,1933年参加反蒋"闽变"。1938年5月厦门沦陷后,被日军悬赏通缉,他南渡菲律宾从事教育与抗日救亡的爱国运动,深得侨胞赞誉。抗战胜利后返回厦门续任双十中学校长、董事长。1946 年参加民联（民革前身之一），在中共领导下从事地下革命活动，因遭国民党当局通缉，暂时避难香港。

中华人民共和国成立后，他领导筹建民革厦门地方组织。1955 年 6 月因牵涉潘汉年冤案被拘押审查，"文革"期间饱受冲击。1979 年获得彻底平反，恢复民革党籍。曾任民革中央团结委员、福建省政协联络委员会委员、福州市政协秘书长。1984 年在福州逝世。

黄丹季　1900 年出生，原籍安溪。早年毕业于集美中学和厦门大学。1927 年大革命失败后，他因参加进步活动遭通缉，即南渡新加坡。1930 年往印尼玛琅经商。他在玛琅发起组织华侨生活促进社，支持华侨正义事业。他曾任玛琅中华总会副主席、泗水中华总会负责人。太平洋战争爆发后，爱国侨领陈嘉庚在新加坡沦陷前夕转移印尼避难，他冒着生命危险，将陈嘉庚接到玛琅，始终坚持保护陈嘉庚的安全。在日军搜查时，他遭受日军殴打，无所怨叹。直到日军投降后，陈嘉庚安全返回新加坡他才放心。

1956 年，经中国政府和陈嘉庚的邀请，黄丹季回国观光，受到毛泽东主席、周恩来总理和刘少奇委员长的亲切接见。1995 年在印尼玛琅逝世。

黄　薇　女，原名黄维英，1912 年出生于龙岩县龙门镇。1930年毕业于集美学校女师范。1934年到日本考上明治大学。她积极参加留学生的革命活动,成为左翼团体的领导成员。1937年卢沟桥事变爆发后,毅然回国投入抗日烽火。1938年春,她作为新加坡《星洲日报》的特派记者参加武汉战地记者团,赴徐州前线采访,后又奔向延安,多次受到毛主席接见。还突破封锁线,采访贺龙、聂荣臻、萧克、左权等八路军名将。后转战重庆国统区。1941年1月皖南事变发生后,她将周恩来的"千古奇冤,江南一叶,同室操戈,相煎何急"的千古绝唱传播海外,当年12月加入中国共产党。1942年,她经香港转到菲律宾,主编《华侨导报》,同时开展抗日地下斗争。抗战胜利后,任新华社香港分社首任总编辑。

1949年3月调回北京工作,任中共中央统战部、中共中央对外联络部研究员。她是全国妇联第一、二、三届执行委员,离休后出版《回到抗战中的祖国》,叙述她担任记者十年风雨中的战斗历程。2000年在北京逝世。

萧　枫　又名萧田湖,1917年出生于安溪县龙门镇,印尼归国侨生。1931年后到集美小学、集美水产航海学校学习。1935—1937年到上海暨南大学附属中学学习,1936年参加革命。1938年2月到延安抗日军政大学学习,后到陕北公学学习。1938年10月在香港参加中国共产党,1942年后到苏北抗日根据地任民运队长、区长、县教育科长等职。1948年在人民解放军二十九军八十五师二十五团任政治部主任。

厦门解放后,任厦门大学军事副代表、中共厦门市委宣传部部长等职。1955 年任中共厦门市委书记处书记,后调任福建省教育厅副厅长。"文革"结束后,历任中共厦门市委副书记、厦门鹭江职业大学校长兼党委书记、厦门市政协副主席。2007 年逝世。

黄昭明　1908 年出生于诏安县。1924 年到集美学校师范部学习。在校结识罗明同学后,积极参加学校的各种进步活动。1926 年 3 月,被录取在广州农讲所参加学习,学习成绩优异,后即被吸收为中共党员。同年 11 月,以农民特派员身份,被派随北伐军东征入闽,回到诏安进行革命活动,建立直属中共广东汕头地委领导的中共诏安支部,发展党员,传播革命火种。1927 年 1 月,被调到漳州参与组建汀漳龙办事处。大革命失败后,白色恐怖笼罩漳州城,遂赴南洋避难,后下落不明。

十二画

谢宝萱　龙岩县适中乡人,1907 年出生。1921 年到集美商科学校求学,在校期间参加杨世宁、谢景德等人组织的"龙岩留学集美学生会"进步团体,参加出版《到民间去》等进步刊物,抨击时弊,宣传新文化。1925 年加入国民党。利用假期回乡办平民学校,宣传革命道理。1926 年乘北伐军进军龙岩的有利时机,与陈国华等人组建国民党龙岩县党部,发动群众支持北伐军。1927年1月加入中国共产党后,回到适中组织农民协会,发展党员。

1927年4月15日,国民党右派在龙岩发动"清党"反共事件,谢宝萱虽然遭到通缉,仍然在农村坚持斗争,建立公开农会、秘密农会、中共党支部三位一体的农村基层组织,发动农民进行减租减息和合理摊派公路捐及各种杂税斗争。同年9月国民党龙岩县党部恢复后,谢宝萱当选宣传委员。11月,新军阀陈国辉解散县党部后,谢宝萱转入农村秘密活动。

1928年7月,在家中与陈国华商议工作时不幸被捕。在狱中坚贞不屈,组织难友开展绝食斗争,积极筹划越狱。同年8月在漳平县城北门外与陈国华同时就义。

谢景德　又名谢汉秋、谢耀辉,1904年生于龙岩县适中乡。1920年考入集美学校师范部,毕业后留小学部任教。1925年6月加入共青团。1926年4月加入中国共产党。同年冬接受党的派遣回龙岩任国民革命军(龙)岩、(漳)平、宁(洋)政治监察署秘书。

1927年"四一二"反革命政变后潜往武汉,8月受党中央派遣回福建参加闽南临委工作。1928年8月被选为中共福建省委常委,任组织部长,同年11月兼任中共厦门区委书记。1929年11月以省委特派员身份前往闽西接应入闽的红四军,参加古田会议。1930年春回厦门,继续在福建省委任组织部长兼秘书长,参加领导当年

"五二五"厦门破狱斗争。1930年11月在鼓浪屿病逝。

曾牧村 原名曾杏春,生于1901年,永定县下洋镇人。1921年到集美学校师范部读书,其间参加革命活动。1926年冬,加入中国共产党,参与创建金丰支部。1927年"四一二"事变后,他在下洋公学组建共青团支部,并为迎接南昌起义部队进入下洋做了大量工作。10月,中共永定县委成立,被选为委员。1928年年初,他奉命到高陂,建立厦黄、西陂等7个党支部,组训农军130余人,还创办了兵工厂。7月1日,他率领农军和公学师生共40余人,汇合卢肇西率领的暴动队伍举行下洋暴动。数日后,暴动队伍整编为工农革命军永定农民自卫队。8月,自卫队改编为闽西红军第七军五十六团,在金丰一带坚持游击战争。

1930年春,曾牧村接任中共永定县委书记。1930年冬,调任饶(平)和(大)埔县委书记。1931年5月,在闽西"肃清社会民主党事件"中于永定县虎岗乡被错杀。中华人民共和国成立后追认为烈士。

彭友圃 1893年生于同安县新店镇沙美村(现属翔安区),1921年毕业于福州师范,1926年在集美学校担任教育推广部主任,其间加入中国共产党,同年11月北伐军攻克同安,他随军到同安开展农民运动。1927年1月成立中共同安县支部,任支部书记,领导农民运动。同年

2月,在沙美小学建立农民协会,召开同安县农民协会大会,当选为委员长,发动农民积极开展反帝、反封建、反剥削的斗争。3月30日晚,彭友圃率领100多名农民武装,深入虎穴,镇压了当时为非作歹、鱼肉百姓的马巷商会会长、反动分子陈剑经。

　　大革命失败后,彭友圃掩护同志到同安与南安交界一带,再分批远赴南洋。1927年年底,他到越南河内大同学校担任教务主任,其间,他锐意改革,除旧布新。1931年秘密返回厦门投入地下斗争,不久病逝。

　　董云阁　1908年出生于晋江县永宁镇后山村(今属石狮)。1920年,随父前往菲律宾。1925年,随叔父回国,就读于集美学校。在集美求学期间积极参加师生举行的集会示威、罢课斗争。1926年10月,加入共青团,不久,担任集美学校团支部书记。1927年年初,加入共产党,接受党组织安排,回永宁开展革命宣传、建立农民协会。不久,转到厦门大学学习,继续从事革命活动。1928年年底,任共青团福建省委委员,参与负责厦门团市委工作。1929年7月,代理团省委书记,1930年10月,任共青团福建省委书记。1930年12月,担任重新建立的中共闽南特别委员会副书记,领导漳州地区的革命斗争。组织武装游击队,实行土地改革,着手筹建苏维埃政权。

　　1932年2月,董云阁任中共厦门中心市委常委、组织部长,并受中心市委派遣,以党的巡视员身份指导仙游县委成立抗捐委员会,发动群众包围收捐军队,开展游击战争。在他具体指导下,莆田党、团县委进一步健全,农会、革命互济会、妇女救国会等组织迅速发展。他在担任厦门中心市委的领导工作期间,组织发动一批进步青年到漳州参加红军。

1932 年 5 月 25 日,董云阁不幸被捕。在狱中,他正气凛然,坚贞不屈,严守党的机密,始终保持共产党人的崇高气节。10 月 23 日,被杀害于厦门禾山海军司令部。

谢少萍 又名谢景傅,1910 年出生于龙岩县适中乡。1924 年秋,考进集美学校师范部;1927 年春,在学校加入中国共产党,同年夏毕业后到同安县文兴小学任教。1928 年春,受党组织派遣,到海澄县以小学代课教员身份为掩护开展革命工作。1930 年 11 月,谢少萍根据中共漳属特委(闽南特委)的指示,到漳浦、平和边区整顿农民协会,建立农民武装,配合闽南游击队的活动。12 月,闽南红军游击队第一支队在漳州成立,谢少萍任政治部主任。1931 年春,奉命再往海澄地区开展工作。1932 年 5 月,闽南游击队在漳浦城关扩编,正式成立中国工农红军闽南独立第三团,谢少萍仍任政治部主任,开展艰苦卓绝的游击战争。1933 年,奉命到安溪、德化一带,配合闽南游击队第二支队,做联络争取民军的工作。同年夏,从安溪回厦门汇报工作时被捕,在狱中坚强不屈。同年 11月,福建事变发生,蔡廷锴领导的人民革命政府释放全部政治犯,谢少萍得以获释出狱。出狱后回到家乡,继续以小学教师为掩护从事党的地下工作,为游击队筹办枪械、医药及其他军需用品。

1935 年 7 月,因叛徒出卖不幸被捕,押往龙岩国民党驻军,7 月 26 日,英勇就义。

蒋光斗　1917 年出生于大田县太华镇。1939 年在集美职业学校求学期间参加革命活动,同年冬加入中国共产党,积极组织学生开展爱国运动和抗日救亡的宣传活动,利用"中山室"(内部称"三一读书会")聚集青年,秘密宣传党的抗日救亡主张,发展党的组织。1941 年从集美职业学校毕业后回大田家乡开展抗日救亡活动,组织和发动农民群众,组建党的组织。1942 年 2 月任中共闽中工委(1944 年 5 月改名闽西北特委)汤泉直属区委书记,从事党的统战工作。1944 年 5 月调中共闽西北特委,随特委常委蔡敏进入永安,执行开辟闽赣边新区、打通秘密交通线任务,参加了创建永安洪田游击根据地的斗争,开辟通往建宁、泰宁的交通线。1946 年 2 月,蒋光斗在明溪县执行任务时被捕。在狱中历经酷刑,坚贞不屈。不久,在押送永安的途中被国民党特务杀害,壮烈牺牲。

曾焕乾　1920 年出生于平潭县中楼乡。1936 年秋考入福州英华中学,在校追求进步,倾向革命。1938 年秋辍学,在家乡创办农民夜校,宣传抗日救亡。不久,就学于内迁大田县的集美商业学校。1943 年转学福建协和大学,在校内秘密组织马列主义学习小组。抗战胜利后,任中共闽江工委学生工作委员会书记,在福州积极发展党员,建立党组织,参与福州地下党组织发起的经济斗争,帮助建立平潭海上游击队。1947 年 2 月,调任闽浙赣地下军副司令兼闽海纵队司令、政委,以福清东张的灵石山为据点,领导福清、长乐、平潭地区的武装斗争。同年 10 月,调任中共闽北地委常委兼地委城工部部长,在崇安县(今武夷山市)广泛开展统战、策反工作。1948 年 4 月,因"城工部事件"被错杀。1956 年,被追认为烈士。

谢高明　1920 年生于安溪。1942 年毕业于暨南文学院教育系。1947 年加入中国共产党。1948 年 6 月到安溪蓝溪中学任教,7 月任校长,秘密从事革命活动,发展党的组织,开展游击新区工作。1949 年 5 月,游击队第一次占领安溪县城后,任安溪县民主政府县长,进行民主建政,随后遭国民党保安团的突然袭击,政府机关撤出县城,迁往长坑。7 月任中共安溪中心县委执行委员会委员、行政委员会副主任委员、安溪县工委委员。9 月任安溪县人民政府县长,10 月调整为副县长。

中华人民共和国成立后,先后担任晋江专署文教科副科长、福州工农速成中学第一副校长、厦门师范学校书记兼校长、厦门市文教局副局长、集美师专书记兼校长。1986年离休后,受聘为集美校友总会理事长、集美陈嘉庚研究会会长。1997年逝世。

鲁　藜　原名许图地,1914年出生于同安县内厝乡(今属翔安区)。1917年随父母侨居越南。1932年春回国考入集美乡村师范实验学校,开始接触共产党地下组织,1933年加入集美乡村师范反帝大同盟,5月因纪念五卅运动被捕。1934年春释放后到上海。1936年参加中国左翼作家联盟,同年加入中国共产党。1937年到安徽从事教育工作。1938年到延安抗日军政大学学习。曾任晋察冀军区民运干事、战地记者。

1949年随军到天津,任天津市文学工作者协会主席,主编《文艺学习》月刊。1955年因胡风问题一直蒙冤,被迫停笔,参加农业劳动。1979年冤案平反,重返文坛。曾担任中国作家协会第四届理事,中国作协天津分会副主席和《诗刊》编委。著有诗集《醒来的时候》《时间的歌》《天青集》《山》《鲁藜诗选》。1999年逝世。

傅维葵　1925年出生于南安县丰州镇。1941年至1944年,先后到内迁安溪的集美初中、集美高级水产学校学习。1945年2月,到安溪竹园小学任教,5月,加入中国共产党。1946年10月,任中共泉州中心县委联络员;12月,任中共厦门市工委书记。1947年6月,参加闽中游击队挺进戴云山的战斗时被捕,不久越狱并转到南安坚持斗争。1948年2月再次被捕,6月,经中共泉州中心县委组织武装劫狱获救。后任中共官桥区委书记、晋南同游击大队政治教导员、中共晋南同工委书记。

中华人民共和国成立后,历任中共南安县委宣传部长、中共福清县第五区区委委员兼土改工作组组长、福建革命大学三部教育科长、泉州培元中学党支部书记兼校长、泉州五中党支部书记兼校长、晋江专署教育局局长、中共南安县委书记、福建省教育厅干部。"文革"期间受排挤,1971年10月被下放德化县农村劳动。1974年6月,到泉州师范学校工作。1982年5月起任泉州师范专科学校副校长、校党委委员。1985年得到平反。

十三画

蓝裕业 原名蓝钦彝,1902年出生于广东省大埔县。1923年参加中国共产党。1925年,他被选为共青团广东区委执行委员会候补委员,从事广东青运、学运工作。1924年夏,蓝裕业从罗明那里了解到集美学校学生正在发起第三次学潮的情况,他肯定了学生的爱国行动,鼓励罗明回到集美学校继续搞好学生运动,并详细指出革命活动的策略与具体办法。罗明根据蓝裕业的指示返回集美学校后,与同班同学李觉民在学校里秘密建立和发展国民党左派组织,不到3个月,就发展到100多人,使厦门集美学校的学生运动有了核心力量。

1925年6月初,蓝裕业以国民会议促进会的代表身份到了厦门集美学校,吸收了李觉民、罗扬才、邱泮林、刘端生等7人为共青团员,成立集美学校共青团支部。1925年6月19日,为声援上海五卅运动,蓝裕业前往香港协助共青团香港地委发动学生罢课,与香港工人、店员一致行动。有300多名香港学生罢课返到广州后,始终与省港大罢工工人并肩作战。他还协助共青团香港地委编印《香港学生》月刊杂志,指导学生、群众参加爱国运动,使运动朝着正确的方向发展。

大革命失败后,蓝裕业秘密转移到大埔农村,领导革命活动。1928年1月中旬,担任中共潮梅特委书记。2月9日,由于叛徒出卖,不幸被捕。2月13日英勇就义。

蓝飞鹤　原名蓝福来,畲族,1901年5月出生于惠安县涂寨镇新亭村。1919年五四运动时,蓝飞鹤正在集美学校就读,广泛阅读《新青年》等进步刊物。1920年春,因参与集美学生的罢课斗争,被开除出校。后进入泉州省立第十一中学读书,又因参加学潮被开除。1921年春,就读泉州师范。1929年初加入中国共产党,历任中共泉州特委组织部长、工农红军福建独立一师二团团长等职。1930年年初,奉调到厦门负责中共福建省委直属厦门港区工作。1930年9月参与组织领导惠安暴动,率部攻击屿头山,配合掩护红一团的行动。9月19日,敌军调集重兵镇压暴动,蓝飞鹤率部在屿头山与敌血战,终因寡不敌众,暴动失利。在转移途中,不幸被捕。在狱中大义凛然,坚贞不屈,写下了一首满怀革命豪情的七言绝句:"横胸铁血扫难开,浩劫推磨志不灰。满地铜驼荆棘变,游魂应逐战旗来。"9月26日,在惠安县城东门外马山英勇就义。

蓝为龙　畲族,1905年出生于上杭县庐丰乡。1920年就读于集美学校师范部。1925年2月加入国民党左派组织,同年夏毕业回乡任教。1926年2月,到庐丰平民学校任教,同年冬往广东汕头学习农民运动经验。12月20日回上杭并加入中国共产党,同时担任国民党县党部常委,负责农民协会工作,组织发动群众,成立区乡农民协会。1927年"五七"反革命事变发生后,他秘密转移到庐丰,着手恢复党组织,担任中共上杭支部委员。同年秋,南昌起义军经过上杭城时,他与罗明等积极组织各界人士迎接起义大军,1928年参加张鼎丞领导的金砂暴动,负伤仍坚持战斗。1929年9月,领导地方武装配合红四军攻克上杭城。1930年冬担任上杭县肃反委员会主席。1931年年初,任中共杭武县委委员,兼任杭武县苏维埃政府秘书长。同年遇难牺牲。中华人民共和国成立后被追认为烈士。

蓝维仁　畲族,1899年出生于上杭县庐丰乡。1925

年春毕业于集美学校师范部,后参加海陆丰农民运动讲习所。1926年3月加入中国共产党,同年冬,在上杭县主持农会工作。1927年3月,参与筹办汀属八县社会运动人员养成所,并兼任教员。1927年"五七"事变后,受党组织派遣到庐丰乡以创办平民学校为掩护,进行秘密的革命活动。中共上杭支部成立后任支部书记,恢复和发展了农民协会。1927年9月,南昌起义军途经上杭,他与罗明一起晋见前委书记周恩来,出色地完成了筹粮筹款、护理伤病员、侦察敌情和协助搞好运输等任务。1928年春,与蓝为龙一起,在象洞举办党员干部培训班,是年冬到长汀、才溪一带工作。1929年任长汀县苏维埃政府秘书,同年8月调闽西特委二特区任副书记。1930年3月当选为闽西工农民主政府执行委员。7月,当选为闽西工农民主政府财政部长。12月14日,当选为闽西工农革命委员会常委。1932年与国民党张贞军阀部队作战中牺牲。

赖可可 1911年出生于广东省大埔县,1926年考入集美学校农林部,后任农林部学生会主席。1928年6月,加入中国共产主义青年团。1929年春转为中共党员。8月,奉中共漳州市委派遣深入龙溪、海澄开展农民运动。1934年至1935年参加长征。历任八路军一一五师政治部宣传部副部长、山东军区政治部宣传部长、滨海军区政治部主任、胶东军区政委、华东军区干校政委。1949年5

月,参加解放与接管青岛,任青岛市军管会副主任。

1950 年 7 月任中共青岛市委书记,同年 9 月兼任市长。1952 年 12 月后,调任中共中央山东分局第二书记兼组织部长、青岛海军基地政委等职。1961 年后,历任中共浙江省委常委、秘书长,浙江省委书记处书记,浙江省革命委员会副主任,浙江省委书记等职。"文革"期间犯有严重错误,1987 年 2 月 17 日逝世,3 月 9 日,中共中央书记处决定开除其党籍。

十四画

裴默农　1921 年生,安溪人,1937 年在集美中学高中部学习。抗日战争期间当过战地记者、报刊编辑、专栏作者。1948 年至 1950 年在印度国际大学研究印度史。

1950 年奉调入外交部,历任科长、专员、第一亚洲司副司长。1976 年任中国国际问题研究所副所长。1982年被外交部评为高级研究员。1984 年 4 月应邀参加 14国组成的"知名人士小组",出席联合国专门会议,签署《裁军与发展》联合声明。1984—1986 年任联合国训练研究所董事。1985—1986 年应聘在美国斯坦福大学国际安全与军备控制中心任客座研究员。多次应邀参加在美国、日本、东南亚各国举行的国际问题研讨会,并发表有关论文多篇,主要著作有《春秋战国外交群星》《周恩来外交学》《人生楷模周恩来》等。

十五画

潘漠华　1902 年生,浙江省宣平县人。1920 年开始文学创作。参加组织晨光社和湖畔诗社。1923 年在集美中学任国文教员。1924 年考入北京大学。1926 年到武汉参加北伐军。1927 年初加入中国共产党。"四一二"反革命政变后,他领导宣平农民起义。后在杭州、上海、河南、河北等地任教,并从事地下革命工作。1933 年参加中国左翼作家联盟,是北方左联发起人之一,并任中共天津市委宣传部长,同年 12 月被捕。1934 年 12 月在狱中的绝食斗争中牺牲。

　　黎　韦　原名陈平文,1915 年出生于印尼苏门答腊棉兰市,祖籍南靖。1925 年前后就读于集美中学。1931 年加入共产主义青年团。1932 年留学日本早稻田大学,1935 年回国,在厦门参加反蒋抗日活动。1936 年被捕,在狱中坚贞不屈。1937 年"七七事变"后,因国共实现第二次合作被释放,后赴延安抗日军政大学学习。1938 年加入中国共产党。随后在日本共产党领导人冈野进领导的日本问题研究室任研究员和冈野进的秘书。曾任中共中央革命军事委员会总政治部日本问题研究室研究员、延安《解放日报》资料室主任、新华总社编辑部广播主任、晋察冀新华广播电台台长等职。

　　1950 年起,他历任昆明市委书记、云南省委副书记等职。1978 年后,历任中共湖北省委书记等职。1983 年任湖北省政协第五届委员会主席、党组书记。1996 年在武汉逝世。

后　　记

在中华人民共和国成立 70 周年之际,期待已久的《集美红色记忆(1921—1949)》终于付梓与广大读者见面,这是集美民主革命史和中共集美党史研究取得新的成果。

集美不仅是我国著名的侨乡和文教区,也是厦门市最重要的革命老区之一。爱国华侨陈嘉庚创办的集美学校是厦门新文化运动的策源地。

大革命时期,集美学校培育、磨炼出福建最早一批共产主义者,集美学校不仅是厦门地区,也是闽西南第一个共青团支部诞生地。

土地革命时期,从集美学校走出来的革命青年,举起了农民暴动的战旗,创建了闽西红军,发动了厦门劫狱斗争,写下了可歌可泣的不朽诗篇。

在全面抗战的艰苦条件下,集美学校不但没有停办,而且在内迁山区后越办越好,为抗战输送了大量人才,也为抗战胜利、恢复民族教育奠定了基础。

解放战争中,集美的中共地下党组织蓬勃发展,领导学生运动和农民运动,与国民党反动派进行坚决的斗争,积极配合解放大军解放集美和厦门。

　　在新民主主义革命的漫长岁月里，中国共产党团结带领广大人民群众，为夺取革命的胜利前仆后继，涌现出众多革命英烈、时代英才，上演过波澜壮阔的革命场景。这些光荣的历史，英雄的事迹，不朽的精神，值得我们铭记，值得我们传承，值得我们弘扬。

　　本书的正文按照国民革命、土地革命、全面抗日、解放战争四个阶段，先后展现了集美地区的中共党员、共青团员领导人民投入新民主主义革命的光辉历程。鉴于中华人民共和国成立初期，集美区的剿匪反霸斗争相当突出，这一内容从某种意义上来说，也是新民主主义革命的继续。因此，本书将中华人民共和国成立初期的剿匪反霸斗争作为附录一编入。另外，将集美区革命遗址作为附录二编入，将中共集美区党史人物作为附录三编入。考虑到统一战线是中国共产党取得民主革命胜利的三大法宝之一，因此，本书党史人物介绍里插入少数民主人士和社会贤达；为了能够客观体现集美区的中共党史，也适当收录几位具有争议性的人物。人物介绍排列首先按照姓氏笔画，但是在每一个笔画内的人物又是按照卒年时间排列，尚健在及卒年不详者放在该笔画的最后，特此说明。

　　本书在编撰过程中，参考了中共党史出版社出版的《中共厦门地方史话（新民主主义革命时期）》、厦门大学出版社出版的《厦门革命回忆录》、中国文化出版社出版的《集美的昨天今天和明天》、福建人民出版社出版的《中共闽西南白区组织斗争史稿》、中国计划出版社出版的《闽南革命史》、中央文献出版社出版的《集美》、厦门大学出版社出版的《学子楷模陈嘉庚》等许多书籍，在此表示衷心的感谢！

　　中共厦门市集美区委十分关心本书的编撰工作，区委领导同志认真审阅过两次征求意见稿，并对书稿的观点、结构、史实、文字等方面提出许多宝贵的意见，给予编者极大的教益和帮助。在编撰和出版过程中，还得到市委党史办、区委组织部、区委宣传部、区委老干部局、区档案局、区民政局、区方志办、集美校委会等部门的领导和专家的殷切指导和大力支持。本书由地方史研究学者、集美区政协文史顾问杨柳执笔，以其编写《厦门市红色革命遗址》《厦门华侨纪事·集美篇》《浔江潮涌·集美红色文化》等文稿和历史学科任教的积淀为基础，在工作之余，不辞辛劳，高效率、高水准地完成任务。为此，谨向所有关心、支持和帮助本书编撰、出版的单位和同志致以诚挚的谢意和崇高的敬意！

　　《集美红色记忆（1921—1949）》的编写，对于我们来说，毕竟还是"摸着石头过河"，加上编者的学识水平有限，错误、缺漏、不尽如人意之处肯定在所难免，恳请党史界同仁和读者们多加批评指正，以匡不逮。

编　者
2018 年 10 月